머니 뭐니 세계사 ❶

주식회사 아메리카

초판 1쇄 인쇄 2026년 3월 16일
초판 1쇄 발행 2026년 3월 25일

지은이 | 강일우
발행인 | 이승현
편집 | 강세윤 이상원 임재청
펴낸곳 | 펜타클

주소 | 경기도 파주시 헤이리로 133번길 63, 4층(10858)
전자우편 | pentaclebooks@naver.com

인쇄·제본·후가공 | (주)프린탑
배본 | 문화유통북스

글 ⓒ 강일우, 2026

ISBN 979-11-995259-9-3 (44900)
SET ISBN 979-11-995259-8-6 (44900)

머니 뭐니 세계사 ❶

주식회사 아메리카

강일우 지음

펀탄클

머니 뭐니 세계사
시리즈는…

교과서 속의 역사는 종종 박물관의 유물처럼 딱딱하고 멀게 느껴집니다. 또 승자들의 영웅담이나 그럴듯한 명분으로 채워져 있는 경우도 많죠. 하지만 그 속을 들여다보면, 역사를 실제로 움직인 진짜 주인공은 따로 있습니다. 인간의 뜨거운 '욕망'입니다.

정의, 평화, 문명 같은 멋진 말들 뒤에서는 언제나 복잡한 계산이 숨어 있습니다. 겉으로는 정의를 외치고 평화를 이야기하지만, 결정적인 순간마다 역사를 움직인 건 고상한 이상이 아니라 사람의 본능이었습니다. 더 풍요롭게 살고 싶고, 더 편리하게 살고 싶고, 남들보다 앞서고 싶은 마음이 역사의 거대한 수레바퀴를 굴려왔던 것이죠.

그래서 역사를 이해하는 가장 중요한 열쇠 중 하나가 바로 '돈(Money)'입니다. 위대한 모험가가 목숨을 걸고 바다를 건넌 이유는 황금 때문이었고, 강대국이 식민지를 세운 까닭은 물건을 팔 새로운 시장이 필요했기 때문이었습니다. 어제의 적과 손을 잡는 동맹도, 형제국끼리 총을 겨누는 전쟁도 '누구에게 더 이득인가'를 따지는 냉혹한 계산의 결과로 벌어진 일들이었습니다.

오늘날 미국과 중국은 왜 경쟁할까요? 지구 반대편의 전쟁들은 왜 멈추지 않을까요? 복잡하고 이해하기 어려운 일들도 '돈과 욕망'이라는 안경을 쓰고 보면 놀라울 만큼 선명하게 보입니다.

"아, 저 나라는 석유 때문에 싸우는구나!"
"미국이 화를 내는 건 무역 적자 때문이구나!"

세상이 아무리 빠르게 변해도, 사람을 움직이는 욕망은 크게 달라지지 않습니다. 그래서 이를 이해하면 앞으로 어떤 일이 벌어질지 어느 정도 예측할 수 있죠.

대한민국은 이제 세계가 인정하는 선진국이 되었습니다. 과거처럼 강대국들의 눈치만 보며 뒤따라가던 시절은 끝났습니다. 이제는 세계의 리더들과 당당하게 어깨를 나란히 하고 경쟁하며, 때로는 새로운 길을 제시하는 나라로 성장해야 합니다.

《머니 뭐니 세계사》와 함께 지구촌 강대국들의 진짜 속마음을 들여다보며, 세계가 돌아가는 이유를 꿰뚫어보는 시야를 키워보세요.

《머니 뭐니 세계사》를 즐기는 방법

이야기 속으로 다이빙! 딱딱한 설명문은 걷어냈습니다. 역사 속 주인공들이 직접 등장해 자기 속마음을 솔직하게 털어놓고, 라이벌과 티격태격하며 펼치는 생생한 이야기를 따라가다 보면, 복잡한 세계사의 흐름이 자연스럽게 머릿속에 들어올 거예요.

숨은 역사 찾기! 글로만 읽고 끝내면 아쉽죠? 각 장의 끝에는 그 시대의 모습을 한 장에 담은 '와글와글 일러스트'가 기다립니다. 그림 구석구석에 숨겨진 역사적 사건들을 찾아보세요. 숨은그림찾기를 하듯 즐기다 보면, 외우지 않아도 역사의 명장면이 저절로 떠오를 거예요.

도대체 미국은
왜 저러는 걸까?

요즘 뉴스를 보다 보면 고개를 갸웃하게 될 때가 많습니다. 한때 '세계의 경찰'이라 불리던 미국이 가끔은 동네 골목대장처럼 행동할 때가 있거든요. 다른 나라(베네수엘라)를 공격해서 대통령을 미국으로 강제 연행하기도 하고, 느닷없이 남의 땅(그린란드)을 달라고 요구하며 압박하기도 합니다. 잘 지내보자고 협상을 하다가 갑자기 이란을 공격하기도 하고요. 심지어 70년 넘게 친한 친구로 지내온 유럽이나 우리 같은 동맹국들에게도 "지켜주니까 방위비를 더 내라!"고 요구하며 거칠게 행동할 때도 있죠.

지금의 미국 대통령이 특별해서 그런 걸까요? 그렇지 않습니다. 겉모습만 달라졌을 뿐, 이런 모습은 건국 때부터 단 한 번도 변하지 않은 미국의 본능입니다. 250여 년 동안 이어져온 그들의 뿌리 깊은 욕망과 계산법을 들여다보면, 오늘날 미국의 모습이 낯설지 않고 오히려 이해가 됩니다. 그리고 앞으로 어떤 방향으로 나아갈지도 어렴풋이 예측할 수 있죠.

그래서 이제 미국에게 '자유의 수호자'라는 빛이 바랜 별명 대신, '주식회사 아메리카'라는 잘 어울리는 새로운 이름표를 붙여보려 합니다.

태어날 때부터 철저히 이윤과 비즈니스 논리로 움직여 온 미국의 역사는 무섭고 놀라운 창업 스토리 그 자체입니다.

콜럼버스의 모험? 사실은 황금을 노린 '인생 역전 투자'였습니다.

독립 전쟁? 자유를 외쳤지만, 실은 영국에 세금 내기 싫어서 벌인 '조세 저항'이었죠.

영토 확장? 프랑스와 러시아로부터 헐값에 거대한 땅을 사들인 역사상 최고의 '부동산 쇼핑'이었고, 전쟁으로 멕시코 땅을 헐값에 빼앗은 것은 공격적인 '기업 인수 합병(M&A)'에 가까웠습니다.

어때요? 그동안 알고 있던 정의로운 미국과는 조금 다르죠? 미국은 '자유'와 '민주주의'라는 멋진 간판을 내걸고 있지만, 그 이면에서는 누구보다 치밀하게 계산기를 두드리며 이익을 추구해왔습니다. 그 뜨거운 욕망이 오늘날 세계 1위 국가, 즉 '주식회사 아메리카'를 만든 원동력이 된 셈이죠.

이제 자유의여신상 뒤에 숨겨진 진짜 미국의 얼굴을 마주할 시간입니다. 맨손으로 시작해 세계 최강의 자리에 오른 '주식회사 아메리카'의 비밀 장부를 지금부터 함께 펼쳐봅시다!

2026년 3월

강일우

햄버거 가게의
수상한 손님

여러분은 '미국' 하면 무엇이 떠오르나요?

자유의여신상? 할리우드 영화 속 슈퍼히어로? 아니면 뉴스에서 매일 들리는 세계 최강대국이라는 말인가요? 여기, 우리가 알던 그 화려한 이미지 뒤에 숨겨진 진짜 미국의 얼굴을 마주할 수 있는 곳이 있습니다.

21세기 지구촌의 핫플레이스, 미국식 캐주얼 식당 '아메리카 다이너(America Diner)'로 여러분을 초대합니다.

문을 열고 들어서면 눈이 아플 정도로 화려한 네온사인이 번쩍입니다. 벽면에는 할리우드 영화 포스터와 팝스타들의 사진이 빈틈없이 붙어 있고, 스피커에서는 심장을 쿵쿵 때리는 최신 팝송이 쉴 새 없이 흘러나옵니다. 그리고 코끝을 찌르는 진한 치즈와 기름 냄새. 이곳은 늘 전 세계에서 몰려든 손님들로 북적대지만, 주인공은 딱 한 명입니다. 가게 한가운데 테이블 두 개를 붙여놓고 혼자 앉아 있는 거대한 덩치의 사내, 바로 '미국(USA)'이죠.

성조기 패턴이 요란하게 박힌 점퍼에 보잉 선글라스를 쓰고, 세상의 중심이 자신이라는 듯 거만하게 다리를 꼬고 앉아 있는 그의 앞에는 산더미처럼 쌓인 햄버거와 페퍼로니 피자, 그리고 1리터짜리 콜라 타워가 위태롭게 놓여 있습니다.

"꺼어억! 역시 이 맛이야. 자본주의의 맛! 승리자의 맛!"

그는 햄버거를 한입에 거의 절반이나 베어 물고는 꿀꺽 삼키며 만족스러운 트림을 내뱉습니다. 그 주변 풍경은 참 볼 만합니다. 영국 신사는 식사 예절이 없다며 혀를 차고, 프랑스는 '이딴 걸 요리라고 먹느냐'는 듯 와인잔을 흔들며 코웃음을 칩니다. 독일은 맥주잔을 든 채 엄격한 표정으로 주변을 살피고, 이탈리아는 시끄럽게 수다를 떨고, 스페인은 의자에 기대어 꾸벅꾸벅 낮잠(시에스타)을 즐기고 있군요.

저쪽 어둠 속에서는 러시아가 보드카를 병째 들이켜며 차가운 눈으로 미국을 노려보고 있고, 일본은 굽신거리며 연신 셔터를 눌러대고, 중국은 계산기를 두드리며 못마땅한 표정으로 흘겨보고 있습니다.

하지만 '천상천하 유아독존'이라는 말이 딱 어울리게, 미국은 주변의 시선 따위는 전혀 신경 쓰지 않습니다.

그 맞은편 구석 자리에는 캡을 깊게 눌러 쓰고 검은 마스크로 얼굴을 가린 청년이 앉아 있습니다. 그저 평범해 보이지만, 사실 그는 빌보드 차트를 씹어먹고 넷플릭스 랭킹까지 점령한 21세기의 '문화 대통령', 아이돌 '한국(KOR)'입니다.

방금 마친 월드 스타디움 투어의 열기가 아직 식지 않은 듯, 그의 최신형 스마트폰은 전 세계 팬들이 보내는 하트와 명품 브랜드들의 러브콜로 쉴 새 없이 진동하고 있군요. 하지만 문화로 세계를 흔들고 있는 그도 이 다이너의 주인장 앞에서는 어쩔 수 없나 봅니다.

미국은 먹다 남은 감자튀김을 한국에게 툭 던지듯 내밀며 소리칩니다.

"어이, 리틀 브라더 K, 폰만 보지 말고 좀 먹어! 덩치를 키워야 나처럼 세계 무대에서 큰소리 좀 치지!"

"아, 네. 형님은 진짜 위장이 대단하시네요. 그 많은 게 다 들어가다니."

한국은 어색하게 웃으며 대꾸하지만, 속으로는 월드 투어보다 더 큰 판을 쥐고 흔드는 형님의 위장이 그저 신기할 따름입니다

"하하하! 이 정도는 기본이지. 덩치만 큰 줄 알아? 이 형님은 지구방위대이자 세계경찰, 그리고 문화 대통령이라고. 내 주먹, 내 돈, 내 영화를 안 거치고 돌아가는 나라가 어디 있어?"

미국이 리모컨을 들어 벽면의 대형 TV를 켜자, 화면에는 미군 항공모함의 위용과 지구를 구하는 슈퍼히어로 영화 장면이 번갈아 나옵니다.

"봤냐? 이 형님은 밥만 먹는 게 아니야. 지구방위대, 세계경찰, 문화 대통령… 아, 이런 능력은 끝이 없다니까."

한국은 인정할 수밖에 없었습니다. 정치, 경제, 군사, 문화…. 지금 세상은 확실히 저 형님이 지배하고 있으니까요. 모두들 미국 스타일을 동경하면서도, 동시에 두려워합니다. 미국은 이쑤시개로 이를 쑤시며 거만하게 덧붙입니다.

"잘 들어, 동생. 이 '위대한 미국'은 태어날 때부터 특별했어. 신이 내린

운명(Manifest Destiny)이랄까? 정의는 항상 승리하는 법이고, 그 승리자
가 바로 나야."

그의 목소리에는 한 치의 의심도 없는 오만함이 가득 차 있었습니다.
바로 그 순간이었습니다.
"탁!"
누군가 미국의 테이블 위에 묵직한 가죽 파일을 내려놓았습니다. 갑작
스러운 등장에 다이너의 음악 소리가 잦아들고, 모든 시선이 그곳으로
쏠렸습니다.
"태어날 때부터 위대했다? 정의는 승리한다? 그거 재미있는 농담이군."

그곳엔 세련된 화이트 슈트를 입은 남자가 서 있었습니다. 은발의 머리
카락을 단정하게 넘기고, 왼쪽 가슴에는 은빛 호랑이 모양의 배지를 단
그는 범접할 수 없는 아우라를 풍겼습니다. 날카로운 눈매 뒤로 5천 년
의 세월을 관통하는 지혜가 번뜩이는 남자. 그는 한국의 전속 멘토이자,
냉혹한 국제 비즈니스 세계에서 잔뼈가 굵은 베테랑 매니저였습니다.
당황한 미국이 선글라스를 내리며 인상을 썼습니다.
"누, 누구야? 누군데 감히 영업 방해를 해?"

남자는 미국을 힐끗 무시하듯 바라보더니, 한국의 어깨를 감싸 쥐며

자신을 소개했습니다.

"사람들은 나를 '마스터 T(Master T)'라고 부르지만, 그냥 T라고 불러도 돼. 당분간 너를 전담하게 됐다."

한국이 놀란 눈으로 물었습니다.

"아, 대표님께 연락 받았습니다. 마스터 T요? 무슨 뜻이죠?"

그가 씩 웃으며 대답했습니다.

"거짓된 역사의 시간(Time) 뒤에 숨겨진 진실(Truth)을 말해주고, 너를 지켜줄 호랑이(Tiger) 같은 사람이라고 생각해줘. 너한테 약 팔려는 사기꾼들이 들끓는다고 해서 급하게 왔다."

마스터 T는 차갑게 미국을 쳐다보면서 일갈했습니다.

"K, 정신 똑바로 차려. 여기는 정글이야. 저 치가 '브라더'라고 부른다고 진짜 형인 줄 알아? 100년 전엔 우리를 일본에 팔아넘긴 장본인이 저 사람이야. 감정 섞지 마."

"아니, 그게 무슨 말씀이세요?"

한국이 놀란 눈으로 쳐다보며 묻자, T가 가죽 파일을 열었습니다. 핀 조명이 비추던 테이블 위, 케첩 자국 옆으로 낡고 빛바랜 옛날 지도 한 장이 스르륵 펼쳐집니다.

한국이 호기심 어린 눈으로 지도를 들여다봅니다. '1776년, 건국 당시의 미국 지도'라고 적혀 있습니다. 그런데 이상합니다. 우리가 아는 태평양에서 대서양까지 뻗어 있는 그 거대한 미국이 아니었습니다. 광활한 북아메리카 대륙의 오른쪽 귀퉁이, 대서양 바닷가에 가늘고 길게 붙어 있는 13개의 붉은 점들만이 초라하게 표시되어 있었으니까요. 거대한 대륙에 매달린 작은 꼬리표 같았죠.

"어, 이게 뭐야? 미국 지도 맞아요? 너무 작고 가늘잖아요. 지금이랑 완전 딴판인데."

한국의 놀란 반응에 T가 씁쓸하게 웃으며 대답합니다.

"놀랍게도 그게 1776년, 막 독립했을 때의 미국이야. 유럽에서 도망치듯 건너온 반항아들이 대서양 바닷가에 간신히 붙어 살던 시절이지."

그러고는 몽블랑 만년필로 지도의 서쪽, 텅 비어 있는 광활한 대륙을 가리킵니다.

"저 좁은 땅덩어리의 식민지 반란군이 어떻게 불과 100여 년 만에 대륙을 집어삼키고 세계 제국이 되었을까? 그 과정이 저 덩치가 말한 대로 '정의롭고 성스러운' 역사였을까?"

얼굴이 붉으락푸르락해진 미국은 급히 지도를 햄버거 포장지로 덮으려 합니다.

"야, 그건 옛날 얘기잖아! 덮어, 덮으라고!"
하지만 마스터 T는 가볍게 미국의 손을 막아섰습니다.

"아니, 이제부터가 진짜지. 화려한 네온사인 뒤에 숨겨진 '주식회사 아메리카'의 창업 스토리. 피와 돈으로 쓴 그 적나라한 땅따먹기 장부를 이제 펼쳐볼 시간이야."
그가 손가락을 딱 팅기자 낡은 지도가 홀로그램처럼 살아 움직이기 시작합니다. 다이너의 햄버거 냄새는 사라지고, 매캐한 화약 냄새와 거친 흙먼지 냄새가 진동하는 18세기의 황야가 스크린처럼 눈앞에 펼쳐집니다.

"자, 따라와라 K. 월드 스타가 되려면 이 바닥 생리를 제대로 알아야지. 저 거대한 제국의 민낯을 '노 필터'로 보여주마."

①

좁은 건 싫어!

건국과 독립

탈출! 지옥 같은 유럽

마스터 T가 매끄러운 몽블랑 만년필로 낡은 지도 위 17세기의 대서양을 가리키자, 거친 파도가 넘실거리는 그 바다 너머로 춥고 우울한 런던의 뒷골목 풍경이 홀로그램처럼 피어올랐습니다.

"1600년대 유럽은 평범한 사람들에게 거대한 감옥이나 다름없었어."

당시 잉글랜드라는 나라는 화려한 제복과 가발을 쓴 깐깐한 귀족 노신사 같았습니다. 그는 지팡이를 휘두르며 가난하고 힘없는 사람들을 윽박질렀죠.

"어이, 거기 너! 종교가 나랑 다르네? 감옥! 너는 세금 낼 돈이 없어? 너도 감옥!"

왕이 믿는 종교(성공회)를 따르지 않는다는 이유로, 혹은 가난해서 세금을 못 낸다는 이유로 사람들은 핍박을 받았습니다. 종교의 자유를 찾아 헤매던 청교도, 빚더미에 앉아 내일의 끼니를 걱정하던 빈민, 그리고 사회에서 버림받은 범죄자들까지. 그들은 더 이상 이곳에서 살 수 없다고 비명을 질렀습니다.

"더 이상은 못 살겠어. 차라리 죽는 게 낫지!"

그때 그들의 눈에 유일한 비상구가 들어왔습니다. 바로 대서양 건너편, 서쪽이었습니다.

"아무도 없는 신대륙, 아메리카로 가자! 거기선 왕 눈치 안 보고 내 맘대로 살 수 있겠지!"

1620년, 낡은 범선 메이플라워호를 비롯한 배들이 거친 파도를 헤치고 바다를 건넜습니다. 이것은 희망찬 이민이 아니라 목숨을 건 처절한 가출에 가까웠습니다. 물론 교과서에서는 그들이 자유를 찾아 떠났다고 가르칩니다.

하지만 솔직해져볼까요? 그들의 마음속 깊은 곳에는 자유만큼이나 강력한 욕망이 꿈틀대고 있었습니다. 바로 '내 땅'을 갖고 싶다는 욕망이었죠.

"하느님? 자유? 다 필요 없어. 신대륙엔 황금이 널려 있다며? 한밑천 잡아서 인생 역전할 거야!"

유럽에서는 평생 뼈 빠지게 일해도 손바닥만한 땅조차 가질 수 없었던 소작농과 도시 빈민들의 한(恨), 그리고 일확천금을 노리는 투기꾼들의 욕망도 바다를 건너왔습니다.

그렇게 신앙과 탐욕이라는 두 가지 씨앗이 함께 대서양을 건넜습니다.

고마워요 원주민, 이제 방 좀 빼줄래?

장장 66일간의 항해 끝에 도착한 북아메리카 동부 해안, 플리머스의 겨울은 혹독했습니다. 매서운 추위와 굶주림이 사람들을 덮쳤습니다. 가

▶ 종교적 박해와 가난, 세금에 짓눌린 절박한 잉글랜드의 사람들이 대서양을 건너 북아메리카 플리머스에 닻을 내렸습니다. 메이플라워호는 이들의 자유를 찾는 갈망과 함께 '내 땅'을 갖고 싶은 욕망도 함께 실어왔지요.

져온 식량은 바닥났고, 낯선 풍토병이 돌았습니다. 도착한 첫해 겨울, 절반이 넘는 사람들이 추위와 영양실조로 죽어 나갔습니다. 살아남은 사람들도 뼈만 남은 채 죽음을 기다리고 있었죠. 생존율이 50%도 되지 않는 절체절명의 상황이었습니다.

그때, 숲속에서 누군가가 나타났습니다. 사슴 가죽 옷을 입고 깃털 장식을 한 남자들, 바로 그 땅의 주인인 '인디언'들이었습니다.

마스터 T가 불쾌하다는 듯 미간을 찌푸리며 끼어들었습니다.

"잠깐, 스톱! 방금 인디언(Indian)이라고 불렀나? 그건 콜럼버스가 여기가 인도인 줄 알고 착각해서 붙인 엉터리 이름표야. 게다가 오랫동안 그 단어에는 그들을 미개하다고 무시하는 편견과 차별의 시선이 묻어 있었지."

그는 한국에게 짐짓 엄한 표정으로 조언했습니다.

"글로벌 무대에서 활동하려면 용어 선택부터 정확해야 해. 요즘 미국 교과서나 박물관에서도 '미국 원주민'이라고 고쳐 부르는 추세야. 우리도 정확하게 불러주기로 하지. 정확한 이름을 불러주는 건 비즈니스 매너의 기본이니까."

왐파노아그(Wampanoag) 부족은 죽어가던 이주민들에게 구원의 손길을 내밀었습니다. 그들은 낯선 이방인들을 경계하지 않고, 척박한 땅에서 옥수수를 재배하는 것 같은 생존 기술을 가르쳐주었습니다.

"자, 이걸 먹어라. 우리 땅에 온 손님이 굶어 죽게 둘 순 없지."

어린 시절의 '꼬마 미국'은 허겁지겁 칠면조 다리와 옥수수죽을 받아먹으며 눈물을 흘렸습니다.

"우와, 땡큐! 땡큐 베리 머치! 이 은혜는 평생 절대 잊지 않을게!"

원주민들의 도움이 없었다면, 지금의 미국은 세계사 책 귀퉁이에 '잠시 존재했다 사라진 식민지'로 기록되었을지도 모릅니다. 하지만 배가 부르고 트림이 나올 정도가 되자, 꼬마 미국의 눈빛이 묘하게 달라지기 시작했습니다. 그는 입가에 묻은 기름기를 닦으며 주변을 둘러보았습니다.

"근데… 여기 땅 진짜 넓고 좋네. 등기부등본 떼 보니까 주인 이름도 없고… 다 놀고 있는 땅인가?"

시간이 흐르고 이주민들의 숫자가 늘어나자, 그들은 은인인 원주민들을 향해 울타리를 치기 시작했습니다. 당황한 원주민들이 항의했지요.

"이보게 친구, 농사지으라고 땅을 좀 빌려줬더니, 아예 울타리를 치고 자기 땅이라고 우기면 어떡해? 땅은 모두의 것인데 말이야."

꼬마 미국은 뻔뻔하게 말뚝을 박으며 등기 문서를 흔들었습니다,

"에이, 친구끼리 쪼잔하게 왜 그래. 우리는 문명인이라 문서가 중요하거든. 여기 내 이름 썼으니까 이제 법적으로 내 땅임. 꼬우면 너희도 변호사 선임하든가."

원주민들은 기가 막혔습니다. 땅을 소유한다는 개념 자체가 없었던 그들에게 울타리와 문서는 이해할 수 없는 탐욕의 상징이었습니다. 우리가

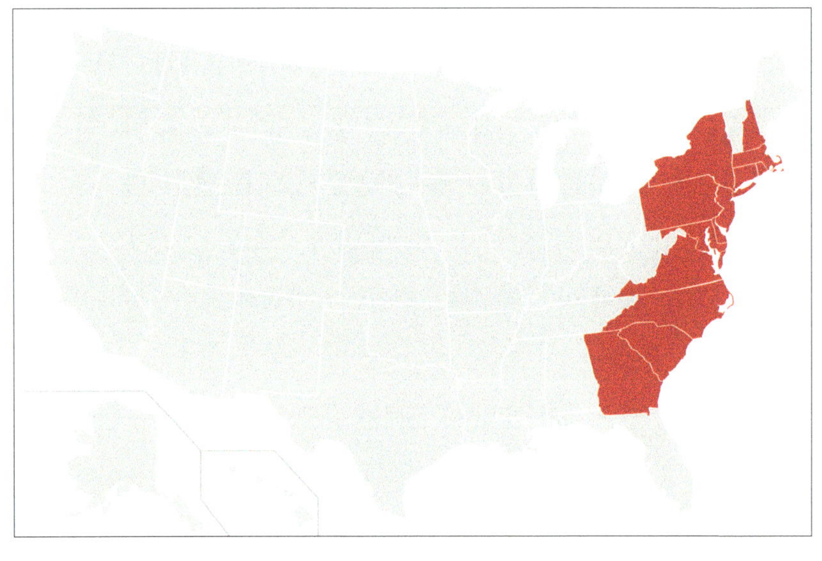

▶ 미국은 처음부터 지금처럼 거대한 나라가 아니었어요. 대서양 연안의 13개 영국 식민지가 뭉치면서 '미국'이 출발합니다. 이 작은 띠 모양의 땅에서 독립 전쟁도, 새 헌법도, '우리는 누구인가'라는 고민도 시작됐죠.

알고 있는 미국의 아름다운 추수감사절의 전설 뒤에는 배를 채우자마자 시작된 배신과 땅따먹기의 역사가 숨어 있습니다.

그렇게 100여 년 동안 영국에서 건너온 사람들은 원주민을 밀어내며 동부 해안가에 13개의 식민지를 건설했습니다. 식민지가 커지면서 원주민들은 속절없이 땅을 빼앗기고 전쟁과 질병으로 큰 피해를 입었습니다.

이때까지만 해도 미국은 바다 건너 영국의 보호를 받으며 무럭무럭 자라나는, 겉으로는 '착한 아들'인 척하는 식민지에 불과했습니다.

그만 좀 뜯어가세요!

하지만 영국의 생각은 달랐습니다. 18세기 중반, 영국은 프랑스와 전 세계를 무대로 식민지 쟁탈전(칠년전쟁)을 벌이느라 국고를 탕진한 상태였습니다. 전쟁에서는 이겼지만, 지갑은 텅 비어버렸습니다.

계산기를 두드리던 영국은 고민에 빠졌습니다.

"어휴, 전쟁 빚 갚다가 등골 휘겠네. 어디 돈 나올 구석 없나?"

그때 그의 눈에 대서양 건너에서 잘 먹고 잘사는 미국이 들어왔습니다. 그동안 영국은 미국을 방임하고 있었습니다. 알아서 살아가라고 내버려뒀던 것이죠.

"옳지! 내 귀여운 아들, 미국이 있었지? 걔 요새 담배랑 목화 팔아서 돈 좀 만진다며?"

영국은 태도를 돌변해 대서양 건너 미국을 향해 외쳤습니다.

"어이 아들! 아빠가 너 프랑스 깡패한테서 지켜주느라 돈 많이 쓴 거 알지? 이제 효도 좀 해라!"

영국은 대서양 건너 꼬마 미국 머리 위로 각종 고지서를 비처럼 날렸습니다.

"자, 설탕 살 때 세금 내라(설탕세). 신문 볼 때도, 달력 살 때도, 트럼프 카드 살 때도 다 내 도장 찍고 돈 내(인지세). 아, 그리고 홍차 마실 때도 세금 붙는 거 알지(차세)?…"

꼬마 미국은 폭발했습니다. 돈도 아깝고, 자존심도 상했습니다.

"웃기지 마요! 런던 의회에 우리 대표 국회의원 한 명도 안 불러주면서, 무슨 자격으로 우리 주머니를 터는 거예요? 대표 없이 과세 없다! 몰라요?"

갈등이 눈덩이처럼 불어나다 분노한 식민지 사람들은 결국 큰 사건을 일으킵니다. 1773년 12월, 보스턴 항구에서 일부 주민들이 영국 동인도 회사의 배에 올라 도끼로 나무상자를 부수고 비싼 홍차 잎을 바다로 던져버렸습니다.

"풍덩! 풍덩!"

무려 342상자, 현재 가치로 수십억 원에 달하는 엄청난 양이었습니다.

"자, 보스턴 앞바다를 세계에서 제일 큰 찻잔으로 만들어줄 테니, 실컷 마셔라 영국!"

'보스턴 차 사건' 소식을 들은 영국은 얼굴이 붉으락푸르락해져서 찻잔을 집어던지며 소리쳤습니다.

"이 배은망덕한 놈들이 감히 내 비싼 홍차를 바다에 버려? 이건 반란이다. 군대를 보내서 아주 박살을 내주마!"

바야흐로 '독립 전쟁'이라는 거대한 퀘스트가 시작된 것입니다.

다윗과 골리앗의 싸움, 그리고 숨은 조력자

전쟁 초반, 상황은 꼬마 미국에게 절망적이었습니다. 당시 영국군은 세계 최강의 정규군이었고, 미국은 농사꾼들이 쓰던 사냥총과 쇠스랑을 들고나온 훈련도 제대로 받지 못한 오합지졸의 민병대 수준이었으니까요. 정면 대결을 했다가는 백전백패가 뻔했습니다.

영국 장교들은 코웃음을 쳤습니다.

"오합지졸들이 줄 맞춰 행군이나 할 줄 알겠어? 석 달이면 정리하고 집에 가서 차나 마시자고."

낡은 사냥총을 든 꼬마 미국은 덤불 뒤에 숨어 생각했습니다.

"젠장, 정면승부로는 절대 못 이겨. 이기려면 어쩔 수 없어."

미국의 총사령관 조지 워싱턴은 현실적인 전략을 택했습니다. 바로 '게릴라전술'이었습니다.

미국 민병대는 숲속 나무 뒤에, 바위 틈에 숨어 있다가 영국군이 보이면 쏘고 도망갔습니다. 특히 지휘관인 장교들만 골라 저격했습니다.

"탕! 탕!"

영국군은 당황했습니다. 줄을 맞춰 싸우는 것이 당시 유럽의 '전쟁 매너'였는데, 미국은 그런 룰 따위는 무시했으니까요.

"야! 숨어서 쏘는 게 어디 있어! 매너 게임 안 해?"

영국군이 분통을 터뜨리며 항의했지만, 미국은 혀를 내밀었습니다.

"전쟁에 매너가 어딨어. 이기면 장땡이지!"

하지만 게릴라전만으로는 한계가 있었습니다. 전쟁에는 막대한 돈과 무기가 필요했기 때문입니다. 이때, 이 싸움을 흥미롭게 지켜보는 제삼자가 있었습니다. 영국의 영원한 라이벌이자 앙숙, 바로 프랑스였습니다.

프랑스는 와인을 마시며 생각했습니다.

"저 꼬마가 내 라이벌 영국을 꽤 괴롭히네. 저걸 잘 키우면 영국의 코를 납작하게 해줄 수 있겠는걸."

미국은 그런 프랑스를 설득했습니다.

"형님, 저 좀 도와주세요. 제가 독립하면 영국 놈들 엿 먹일 수 있잖아요. 영국이 망하는 꼴 보고 싶지 않으세요?”

지난 전쟁에서 영국에 패해 땅도 뺏기고 자존심까지 구겼던 프랑스는 귀가 솔깃했습니다.

“그거 아주 매력적인데… 좋아! 내가 도와줄 테니 영국 놈들 코를 납작하게 만들어봐!”

프랑스는 꼬마 미국에게 슬쩍 무기와 돈다발, 군함을 건넸습니다. 스페인, 네덜란드까지 끌어들여 국제적으로 판을 키웠지요. 전 유럽이 합심하여 ‘영국 왕따 작전’을 펼친 셈이었습니다. “적의 적은 나의 친구”라는 말이 딱 들어맞는 상황이었죠. 1781년 요크타운전투에서 프랑스 해군이 바다를 막고 미국 민병대가 육지를 포위하자, 독 안에 든 쥐가 된 영국군은 결국 백기를 들었습니다.

“말도 안 돼! 내가 지다니. 대영제국 정규군이 저 촌놈 반란군한테 지다니!”

꼬마 미국은 의기양양하게 폼을 잡았습니다.

“봤냐? 이게 바로 ‘자유의 힘’이다!”

(사실은 프랑스 형님 덕분이었지만 말이죠.)

독립은 했지만… 이제 시작이야

1783년 파리조약으로 미국은 드디어 영국으로부터 정식 독립을 인정받았습니다. 영국은 분하지만, 도장을 찍으며 경고했습니다.

“그래… 너 독립해라. 대신 나중에 후회하지 마라. 나라 운영이 장난인 줄 아냐?”

이제 꼬마 미국은 ‘청소년 미국(USA)’으로 레벨업했습니다. 성조기 모자를 쓰고 제법 태가 나는 그는 자신에게 ‘미합중국’이라는 멋진 이름을

붙였습니다.

"자, 이제 내가 사장님이다! 잔소리꾼 영국 아빠는 없어. 내 맘대로 살 거야!"

하지만 기쁨도 잠시, 지도를 펼쳐본 미국의 표정이 굳어졌습니다. 독립은 했지만, 영토는 여전히 동부 해안가 13개 주에 불과했습니다. 서쪽(미시시피강 너머)은 여전히 원주민과 스페인, 프랑스의 땅이었고, 북쪽은 영국령 캐나다, 남쪽은 스페인령 플로리다가 버티고 있었습니다.

미국은 마치 좁은 방에 갇힌 꼴이었습니다. 인구는 계속 늘어나는데 땅은 좁았고, 덩치는 커졌는데 먹을 게 부족했습니다. 미국은 애팔래치아산맥 너머 서쪽을 바라보았습니다. 그곳엔 광활한 평야와 울창한 숲이 끝없이 펼쳐져 있었지요.

"저 산맥만 넘어가면 엄청나게 넓은 땅이 있다던데…"

미국의 눈에 탐욕스러운 불꽃이 일었습니다. 이제 막 독립한 이 젊은 국가는 결심했습니다. 좁은 건 질색이라고. 방해하는 건 뭐든지 밀어버리고 서쪽으로 가겠다고 말이죠.

그렇게 1776년의 작고 가느다란 초라한 미국 지도는 폭발적인 팽창을 앞두고 있었습니다. 바야흐로 세계 역사상 가장 운 좋고, 동시에 가장 잔혹한 땅따먹기 게임이 시작되려는 참이었습니다.

머니 뭐니 미국 역사 대탐험

1. 좁은 건 싫어! 건국과 독립

여러분, 준비되셨나요? 그림 속에 미국의 파란만장한 역사가 숨어 있습니다! 마치 보물찾기를 하듯, 그림 구석구석에 숨겨진 역사적 순간들을 찾아 떠나볼까요?

눈을 크게 뜨고,
역사의 현장 속으로 다이빙!

영국의 핍박을 피해 자유를 찾아 떠난 사람들! 낯선 땅에서 원주민의 도움으로 정착하지만, 곧 영국 왕의 부당한 세금에 맞서 싸우게 됩니다. 자유를 향한 첫걸음을 찾아보세요!

폭풍우 치는 바다를 건너온 '메이플라워호'는 어디 있을까요?
인디언 분장을 하고 배 위에서 비싼 홍차 상자를 바다에 던지는 '보스턴 차 사건'의 현장은 어디 있을까요?
영국군(레드코트)과 맞서 싸우는 독립 전쟁의 현장은 어디에 있을까요?

❶ 메이플라워호 도착: 종교의 자유를 찾아 청교도들이 북아메리카에 도착하고 있습니다.

❷ 영국의 부당한 과세: 영국군이 식민지인들의 모든 물건에 세금 인지(왕관 마크)를 찍으며 세금을 수탈하고 있습니다.

❸ 초기 정착과 원주민 관계: 정착 초기에는 원주민의 도움으로 생존하지만, 시간이 지나 토지에 울타리가 세워지면서 갈등이 시작됩니다.

❹ 보스턴 차 사건: 영국의 차 세금에 항의하여 인디언 복장을 하고 배에 올라 차 상자를 바다에 던져버립니다.
❺ 미국 독립 전쟁: 영국의 과도한 세금 부과와 통제 강화에 반발한 식민지 주민들이 자치권을 요구하며 독립 전쟁이 시작됩니다.

폭풍우를 뚫고 온 사람들: 거친 파도 속에서 '메이플라워호'가 위태롭게 바다를 건너오고 있습니다. 종교의 자유를 찾아 목숨을 걸고 온 이들은 첫해 겨울 추위와 배고픔으로 절반이나 죽었지만, 원주민들의 도움으로 칠면조를 나누고 농사를 배우며 기적적으로 살아남았습니다. 이것이 미국의 시작이자 추수감사절의 유래입니다.

울타리와 세금: 하지만 평화는 깨졌습니다. 이주민들은 울타리를 쳐서 원주민들을 쫓아냈고, 영국 왕은 시장 가판대 물건에 왕관 도장(인지세)을 찍어 세금을 뜯어가기 시작했거든요.

바다에 던져진 홍차: 화가 난 사람들은 인디언 분장을 하고 배에 올라타 비싼 홍차 상자들을 바다에 던져버렸습니다(보스턴 차 사건). "더 이상 세금 못 내!"라며 영국 왕에게 정면으로 도전장을 내민 것이죠.

다윗과 골리앗의 싸움: 결국 전쟁이 터졌습니다. 빨간 코트 입은 영국군에 맞서, 허름한 차림의 민병대가 총을 들고 용감하게 싸우는 모습이 보이나요? 이들은 마침내 승리하여 미국이라는 독립된 나라를 세우게 됩니다.

초대박 부동산 거래

루이지애나 구입

숨구멍이 필요해!

독립 전쟁에서 승리하고 미합중국(USA)이라는 간판을 내건 미국. 겉으로는 의기양양했지만, 사실 이 신생국가는 치명적인 약점을 안고 있었습니다. 바로 숨구멍이 막힐 위기에 처해 있었다는 점입니다.

마스터 T가 대형 스크린에 19세기 초반의 미국 지도를 띄웠습니다. 미시시피강이 거대한 핏줄처럼 남북을 가로지르고 있었습니다.

"K, 잘 봐라. 사람이나 국가나 동맥이 막히면 죽는 법이야. 당시 미국한테는 저 미시시피강이 바로 동맥이자 생명줄이었지."

19세기 초반, 고속도로나 철도가 없던 시절에 무거운 곡물과 가축을 나를 수 있는 유일한 길은 강물뿐이었습니다. 애팔래치아산맥 서쪽 내륙 깊숙한 곳의 미국 농부들은 땀 흘려 거둔 수확물을 뗏목에 싣고 미시시피강을 따라 남쪽으로, 또 남쪽으로 보내야 했습니다.

그 강의 끝, 바다와 만나는 출구에 바로 뉴올리언스(New Orleans)라는 항구가 있었습니다. 이 항구를 통과하지 못하면 미국 농부들은 물건을 팔 수 없어 굶어 죽을 판이었습니다.

그런데 어느 날 청천벽력 같은 소식이 들려옵니다.

"뭐? 뉴올리언스 주인이 바뀌었다고?"

원래 이 지역은 힘 빠진 늙은 제국 스페인의 땅이었습니다. 스페인은 미국이 항구를 좀 쓰겠다고 하면 적당히 눈감아주던 비교적 만만한 이웃이었죠. 그런데 유럽의 깡패, 전쟁의 천재라 불리는 프랑스의 나폴레옹이 스페인을 협박해 이 땅을 다시 빼앗아간 것입니다.

뉴올리언스 항구 입구에는 이제 프랑스 깃발이 펄럭였고, 프랑스 군인들이 바리케이드를 치고 미국의 배들을 막아섰습니다.

"멈춰! 여기는 위대한 프랑스 땅이다. 통행료 내! 아니면 돌아가든가!"

▶ 이 그림은 19세기 뉴올리언스를 보여줍니다. 미시시피강을 오르내리며 물자를 실어 나르는 증기선과 범선이 눈에 띕니다. 당시 뉴올리언스는 미국 농산물과 유럽 무역을 잇는 '경제의 목' 같은 곳이었습니다. 미국은 이 항구를 확보함으로써 내륙에서 생산한 곡물과 물자를 바다로 내보낼 수 있었고, 서부로 더 멀리 뻗어나갈 경제적·전략적 통로를 손에 넣었습니다. 루이지애나 구입은 미국을 대서양 연안의 나라에서 대륙국가로 바꾸는 결정적 계기가 됩니다.

미국은 목이 졸리는 듯한 공포를 느꼈습니다.

"영국 아빠랑 싸워서 겨우 독립했는데, 이번엔 프랑스 삼촌한테 먹히는 건가?"

나폴레옹이라는 거인이 미국의 숨통인 미시시피강을 쥐락펴락하게 된 것입니다.

전쟁 대신 지갑을 열다

백악관의 주인 제퍼슨 대통령은 머리를 싸맸습니다. 나폴레옹과 전쟁을 하자니, 갓 태어난 미국의 국력으로는 계란으로 바위 치기였습니다. 그렇다고 손을 놓고 있다간 경제가 말라 죽을 게 뻔했지요.

고심 끝에 제퍼슨은 결단을 내립니다.

"안 되겠다. 가서 쇼핑 좀 하고 와라."

그는 사절단(로버트 리빙스턴과 제임스 먼로)에게 지갑을 건넸습니다. 예산은 최대 1,000만 달러. 임무는 단 하나, "돈으로 뉴올리언스 항구를 사오는 것"이었습니다. 전쟁보다는 싸게 먹힐 것이라는 지극히 실용적인 계산이었죠.

미국 사절단은 비장한 각오로 프랑스 파리로 떠났습니다.

"오케이, '현질(돈 쓰기)'이라면 자신 있죠. 반드시 사 오겠습니다!"

하지만 그들은 꿈에도 몰랐습니다. 그들이 파리에 도착했을 때 역사상 다시 없을 기막힌 운명이 기다리고 있었다는 사실을 말이죠.

나폴레옹의 사정, 그리고 기막힌 타이밍

파리의 목욕탕에서, 천하의 나폴레옹은 뜨거운 물에 몸을 담근 채 화를 내고 있었습니다.

"에이씨, 짜증 나! 돈 없어? 돈이 필요해!"

유럽을 제패하던 나폴레옹에게도 고민은 있었습니다. 바로 돈이었습니다. 당시 나폴레옹의 머릿속은 복잡했습니다.

첫째, 원래 나폴레옹은 루이지애나를 식량 기지로 삼아 아이티의 설탕 농장을 키우고, 아메리카 대륙에 거대한 프랑스 제국을 건설할 원대한 꿈을 꾸고 있었습니다. 하지만 아이티의 흑인 노예들이 반란을 일으켜 그 꿈을 산산조각냈습니다. 나폴레옹은 진압하려 최정예 군대를 보냈지만, 그들을 기다린 건 총칼보다 무서운 적, 바로 모기였습니다. 정글의 모기가 옮긴 전염병과 반란군의 끈질긴 저항 때문에 진압은 실패했고, 막대한 돈만 날렸습니다. "아메리카는 이제 지긋지긋해!"라는 말이 절로 나왔죠.

둘째, 앙숙인 영국과의 전쟁이 다시 터지기 직전이었습니다. 전쟁하려면 군함을 만들고 대포를 쏠 돈이 필요한데, 프랑스의 금고는 바닥을 보이고 있었습니다.

바로 그때, 신하가 들어와 보고했습니다.

"폐하, 저기 미국 애들이 왔는데요. 뉴올리언스 조그만 항구 하나 사고 싶답니다."

나폴레옹의 눈이 번쩍 뜨였습니다.

"미국? 돈을 싸 들고 왔다고?"

나폴레옹은 세계지도를 보며 음흉한 미소를 지었습니다. 어차피 영국과 전쟁이 나면, 바다 건너 멀리 있는 루이지애나 땅은 강력한 영국 해군에게 뺏길 게 뻔했습니다. 지키지도 못하고 뺏길 바에야 차라리 미국에 팔아서 돈도 챙기고, 미국을 키워서 영국을 골탕 먹이는 게 낫지 않을까요?

"좋아. 어차피 못 먹는 감, 돈 받고 팔아버리자. 파격 세일을 시작하지."

1+1 행사? 아니, 1+100 행사!

협상 테이블에 앉은 미국 사절단은 긴장해서 침을 꿀깍 삼켰습니다.

"저기… 뉴올리언스 항구만 좀 팔아주세요. 저희가 1,000만 달러까지 쳐드릴게."

그러자 프랑스 담당자가 귀를 파며 심드렁하게 대답했습니다.

"풋, 1,000만? 야, 우리 쪼잔하게 그러지 말고 통 크게 놀자. 뉴올리언스

포함해서 루이지애나 전체 다 가져갈래? 단돈 1,500만 달러!"

미국 사절단의 눈이 튀어나올 뻔했습니다.

"뭐라고요? 루이지애나 전체를… 저기 로키산맥까지 전부 다?"

이건 마치 편의점에 껌 한 통 사러 갔더니, 사장님이 "500원만 더 내면 이 편의점 전체를 줄게"라고 제안한 것과 같았습니다. 당시 '루이지애나'라고 불리던 땅은 현재 미국의 루이지애나주(State) 하나가 아니었습니다. 미시시피강 서쪽부터 로키산맥까지, 남한 면적의 수십 배에 달하는 어마어마한 영토였습니다.

미국 사절단은 속닥거렸습니다.

"야, 이거 사기 아니야? 짝퉁 명품 파는 거 아니냐고. 땅덩어리가 몇 배인데 가격이 겨우 1.5배야?"

하지만 프랑스는 단호했습니다.

"싫으면 말고. 나 지금 급전이 필요해서 급매 내놓는 거야. 영국이 채 가기 전에 빨리 결정해. 살 거야, 말 거야?"

미국 사절단은 떨리는 손으로 계산기를 두드렸습니다. 1,500만 달러 나누기 면적… 계산해보니 땅 1에이커(약 1,200평)당 가격은 고작 3센트 남짓이었습니다. 오늘날 맥도날드 햄버거 세트 가격도 안 되는 헐값이었습니다.

"서… 서명하겠습니다. 당장 주세요! 반품 불가죠?"

대통령에게 허락 받을 시간도 없었습니다. 이건 역사상 다시 없을, 그리고 미국을

▶ 미국 국회의사당 벽면 그림입니다. 1803년, 미국은 프랑스로부터 루이지애나 지역을 사들이며 영토를 크게 넓혔어요. 국가가 영토를 산다는 발상 자체가 지금은 낯설지만, 당시엔 나라의 미래를 걸고 하는 초대형 투자였죠. 이 거래는 미국의 서부 확장을 본격화하는 문을 열었습니다.

진정한 대국으로 만들어줄 '슈퍼 핫딜'이었으니까요. 1803년, 그렇게 루이지애나 구입 계약이 체결되었습니다.

헌법보다 국익을

이 계약 한 번으로 미국의 지도는 마법처럼 변했습니다. 미시시피강 동쪽에만 머물러 있던 홀쭉한 미국이, 순식간에 서쪽 로키산맥까지 뻗어나가며 사실상 2배 가까이 커진 것입니다. 피 한 방울 흘리지 않고, 오직 펜 끝 하나로 얻어낸 기적이었습니다.

하지만 백악관의 제퍼슨 대통령은 마냥 기뻐할 수만은 없었습니다. 그는 평소 "헌법에 쓰인 대로만 해야 한다"라고 주장하던 깐깐한 원칙주의자였기 때문입니다.

미국 의회는 시끄러워졌습니다.

"이건 위헌입니다! 대통령이 무슨 권한으로 국민 세금을 가지고 맘대로 땅을 삽니까? 부동산 투기꾼입니까? 제퍼슨 씨, 평소엔 헌법 타령하더니 내로남불이군요!"

"야, 1에이커에 3센트라잖아! 이걸 안 사면 바보지. 이 땅이 있으면 우리 농부들이 자손만대 걱정 없이 농사짓고 살 수 있어!"

고뇌하던 제퍼슨은 결국 헌법 책을 잠시 덮어두기로 했습니다. 눈앞에 놓인 이익이 너무나 컸기 때문이죠.

"에이, 몰라. 일단 사고 보자. 나중에 욕 좀 먹고 말지 뭐. 국익이 먼저다!"

원칙보다 실리를 택한 순간이었습니다. 이 결정 덕분에 미국은 훗날 아이오와, 미주리, 캔자스 등 무려 15개 주가 들어설 거대한 땅을 손에 넣었고, 강대국이 될 기반을 다지게 되었습니다.

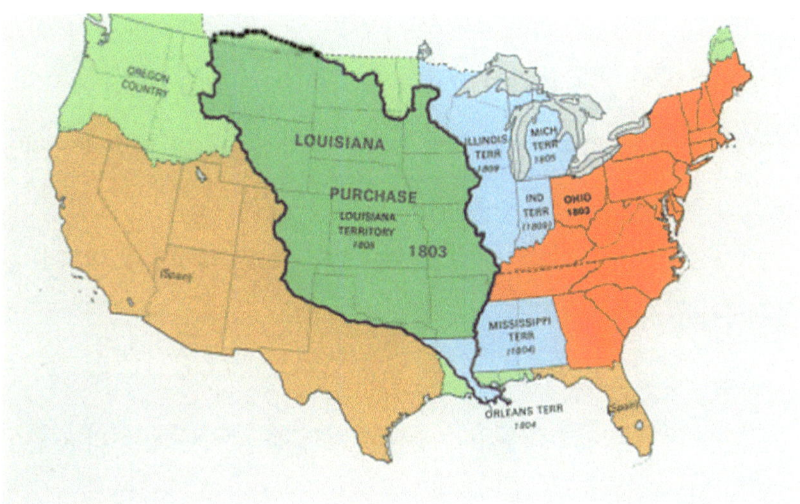

마스터 T가 의미심장한 미소를 지으며 말했습니다.

"이게 바로 미국의 무서운 점이야. 평소엔 '원칙', '헌법'을 부르짖다가도, 결정적인 이익 앞에서는 눈 딱 감고 실리를 챙기거든. 명분보다 '국익'을 우선하는 유연함, 우리가 배워야 할 비즈니스 마인드지."

샀는데… 뭐가 있는지 몰라?

땅문서를 손에 쥔 미국은 거대한 루이지애나 영토 앞에 섰습니다. 그런데 황당하게도 자기가 산 땅에 무엇이 있는지조차 몰랐습니다. 지도에는 그저 'Unexplored(탐험 안 됨)'이라고만 적혀 있을 뿐이었죠.

사람들 사이에서는 별별 '카더라 통신'이 돌았습니다.

"야, 들었어? 저 숲속에 털이 북슬북슬한 매머드가 뛰어다닌다더라!"

"아니야, 소금으로 된 산이 있어서 평생 먹을 소금이 공짜래!"

"다 비켜, 유니콘이 산다는 말도 있던데!"

제퍼슨 대통령은 답답해서 가슴을 쳤습니다.

"아니, 돈 주고 샀는데 왜 지도에 아무것도 없어? 이거 완전 '랜덤 박스' 산 꼴이잖아. 도대체 저 안에 뭐가 들었는지 가서 확인 좀 해봐!"

제퍼슨은 즉시 탐험대를 결성했습니다. '루이스-클라크' 탐험대는 배낭을 메고 미지의 서쪽으로 향하며 호기롭게 외쳤습니다.

"까짓것 가보죠! 사나이가 칼을 뽑았으면 태평양 물이라도 찍어 먹고 오겠습니다!"

하지만 현실은 냉혹했습니다. 낯선 땅, 험준한 로키산맥, 그리고 말이 통하지 않는 원주민들 때문에 탐험대는 곧 길을 잃고 조난당할 위기에 처했습니다.

"대장님, 길이 안 보입니다. 저 원주민들은 도대체 뭐라고 하는 겁니까? 통역 좀 해봐요!"

"젠장, 나도 영어밖에 못한다고! 우린 여기서 굶어 죽는 건가…."

그때 그들을 구한 것은 아기를 등에 업은 16세의 어린 원주민 여성 사카가위아(Sacagawea)였습니다. 그녀는 당황한 건장한 남자들 사이에서 침착하게 손가락을 들어올렸습니다.

"아저씨들, 그거 독초예요. 먹으면 죽어요. 이쪽 뿌리를 드세요."

"저 길로 가면 낭떠러지예요. 제 뒤를 따라오세요."

"말이 필요하시죠? 마침 저기 부족 추장이 우리 오빠예요. 제가 가서 말 좀 빌려달라고 할게요."

그녀는 탐험대의 유일한 통역사이자 인간 내비게이션이었습니다. 그녀 덕분에 탐험대는 로키산맥을 넘어 태평양까지 무사히 도달할 수 있었습니다. 오늘날 미국 1달러 동전에 새겨진 여인이 바로 이 위대한 길잡이, 사카가위아입니다.

하지만 잊지 말아야 할 불편한 사실이 있습니다. 지도상으로는 프랑스가 판 빈 땅처럼 보였지만, 그곳은 결코 빈 땅이 아니었습니다. 수많은 아메리카 원주민 부족이 수천 년 전부터 대대로 살아오던 삶의 터전이었습니다. 미국은 프랑스에 돈을 지급했을 뿐, 그 땅에 살던 원주민들에게 허락 받은 적은 없었습니다.

"어차피 나폴레옹한테 돈 주고 샀으니까 내 땅이야. 거기 사는 원주민들? 뭐, 적당히 비키라고 하지."

탐험대의 발걸음 뒤로 숲속 원주민들의 경계 어린 눈빛이 따라붙었습니다. 사카가위아는 순수한 마음으로 도왔지만, 그 결과는 원주민들의 땅을 엉뚱한 사람들끼리 사고파는, 다가올 재앙의 서막이었습니다.

축복받은 부동산 대박을 얻은 미국은 이제 두 배로 커진 몸집을 이끌고 본격적으로 서쪽으로 굴러가기 시작했습니다. 그 거대한 바퀴 아래 무엇이 깔리든 상관없다는 듯이.

여러분, 준비되셨나요? 그림 속에 미국의 파란만장한 역사가 숨어 있습니다! 마치 보물찾기를 하듯, 그림 구석구석에 숨겨진 역사적 순간들을 찾아 떠나볼까요?

눈을 크게 뜨고,
역사의 현장 속으로 다이빙!

2. 대박! 땅 사세요, 단돈 1500만 달러!

기회는 준비된 자에게 온다! 프랑스 나폴레옹 황제의 사정을 틈타,
미국은 거대한 땅을 헐값에 사들이는 역사상 최고의
'부동산 쇼핑'에 성공합니다.

미시시피강을 오르내리며 물자를 나르는 증기선이 뉴 올리언스 항구에 들어오는 모습은 어디에 있나요?
아기를 업고 탐험대의 길잡이가 되어준 원주민 여인 사카가위아는 어디 있을까요?
루이지애나 매매 계약서에 서명하는 나폴레옹 황제는 어디 있을까요?
STATES OF US

❶ 뉴올리언스 항구: 미국 내륙에서 생산된 곡물과 물자가 바다로 나가는 거의 유일한 출구가 뉴올리언스였습니다.

❷ 루이스−클라크 원정대: 루이지애나 매입 직후 미국이 새로 얻은 서부 땅을 실제로 '자기 영토'로 만들기 위해 파견한 국가 탐사였습니다.

❸ 루이지애나를 파는 프랑스: 나폴레옹은 전쟁 자금을 확보하고, 미국을 키워 영국 견제 세력으로 삼으려고 루이지애나를 팝니다.
❹ 루이지애나 영토 확장: 매입 계약으로 인해 미시시피강 서쪽에서 로키산맥까지의 광대한 영토가 미국 땅이 되었습니다.
❺ 동전에 새겨진 원주민 여성: 루이스-클라크 탐험대를 도와 준 공헌을 기리기 위해 원주민 여성 사카가위아를 1달러 동전에 새겼습니다.
TATES OF US
IN GOD WE TRUST

루이지애나 구입: 나폴레옹이 목욕을 하면서 계약서에 서명하는 모습은 그만큼 급해서 빨리 팔아치웠다는 것을 풍자하는 그림입니다. 당시 프랑스는 전쟁 준비로 돈이 급해서, 미국에게 한반도 10배나 되는 땅(루이지애나)을 헐값에 팔았습니다. 미국은 피 한 방울 안 흘리고 단숨에 영토를 두 배로 늘리는 '대박'을 터뜨렸습니다.

위대한 길잡이 사카가위아: 새로 산 땅이 어떤 곳인지 알아보러 떠난 루이스-클라크 탐험대 앞에는 험준한 산과 강뿐이었습니다. 이때 아기를 업은 원주민 여인 '사카가위아'가 길을 안내해주지 않았다면 모두 길을 잃었을 거예요. 탐험대는 미시시피에서 태평양까지의 지리·자원·원주민 정보를 수집하고 교역로 가능성을 조사해서, 이후 서부 개척과 영토 확장 정책에 필요한 지도와 근거를 마련했습니다.

3

서쪽으로!
방해물은 걷어차라

서부 개척과 원주민의 눈물

신이 내린 허가증?

루이지애나 구입으로 몸집이 두 배나 커진 미국. 이제 꼬마 티를 완전히 벗고 근육질의 청년으로 자라났습니다. 힘이 넘치는 청년 미국은 카우보이모자를 눌러 쓰고 쌍권총을 찬 채 탐욕스러운 눈으로 서쪽을 바라보았습니다.

1840년대, 미국 전역에는 이상한 열풍이 불기 시작했습니다. 교회와 광장에서는 열변이 토해졌습니다.

"여러분, 지도를 보십시오! 동쪽 대서양에서 서쪽 태평양까지 이 광활한 대륙이 텅텅 비어 있지 않습니까? 저 비옥한 땅이 주인을 기다리고 있습니다!"

사실 텅 비어 있기는커녕 수천 년 전부터 살아온 수많은 원주민 부족이 있었지만, 미국의 눈에 그들은 사람이 아니라 치워야 할 잡초나 장애물일 뿐이었습니다. 미국은 자기의 욕망을 아주 성스럽고 그럴싸한 말로 포장했습니다.

"이것은 우연이 아닙니다. 신이 우리, 선택 받은 미국인들에게 내린 선물입니다. 대서양에서 태평양까지, 서쪽 끝까지 뻗어나가 문명을 전파하라! 이것이 바로 우리의 '명백한 운명(Manifest Destiny)'입니다!"

명백한 운명. 듣기에는 거창하고 성스러워 보입니다. 하지만 마스터 T가 비웃음을 흘리며 태블릿으로 당시의 포스터를 확대해 보여주었습니다.

"말이 좋아 운명이지, 실상은 '내가 찜했으니 내 땅'이라는 깡패 논리를 신의 이름으로 합리화한 거야. '신이 주셨다'라고 해버리면 아무도 반박을 못하니까. 죄책감을 없애주는 최고의 마취제이자, 침략을 위한 만능 사기 치트키였지."

"신이 허락했다"라는 말로 자신을 합리화한 미국은 본격적으로 서쪽으로 밀고나가기 시작했습니다. 그 선봉에 선 인물이 미국의 7대 대통령 앤드루 잭슨이었습니다. 거친 군인 출신인 그는 서민의 대통령이라 불리며 백인들에게는 영웅이었지만, 원주민들에게는 피도 눈물도 없는 악마와 같은 존재였습니다.

당시 미국 남부 조지아주 비옥한 땅에는 체로키족을 비롯한 다섯 부족의 원주민들이 살고 있었습니다. 그들은 백인들의 문화를 받아들여 양복을 입고, 영어를 배우고, 학교를 짓고, 심지어 미국 헌법을 본뜬 자신들의 헌법까지 만들며 미국과 평화롭게 공존하려 노력했습니다.

"우리도 이제 미국 형님들처럼 글 쓰고 농사짓고 법 지키며 삽니다. 우린 야만인이 아닙니다. 이웃으로 같이 잘 지내봐요."

하지만 잭슨 대통령은 그들 앞을 막아서며 차갑게 말했습니다.

"이웃? 같이? 누가 누구랑? 아무리 양복을 입어도 너희는 인디언이야. 그리고 우리 백인들이 목화농사 지을 땅이 부족해. 게다가 여기 금광 발견됐다며? 그러니까… 방 빼!"

원주민들은 황당했습니다. 조상 대대로 살아온 땅이었고, 미국 정부와 조약도 맺은 상태였으니까요.

"저희는 이 땅 주인인데요? 조약도 맺었잖아요!"

잭슨은 조약 문서를 코 푸는 휴지처럼 구겨버리며 대답했습니다.

"조약? 그건 종이 쪼가리고. 난 지금 땅이 필요해. 백인들이 들어올 거니까 짐 싸서 너희들은 저기 서쪽 사막으로 옮겨."

1830년, '인디언 강제 이주법'이 통과되었고, 원주민들은 최후의 수단으로 미국 법원에 호소했습니다. 놀랍게도 연방대법원은 원주민의 손을 들어주었습니다.

"조지아주 정부는 체로키족의 땅을 함부로 뺏을 수 없다."

하지만 잭슨 대통령은 사법부의 판결조차 콧방귀를 뀌며 무시했습니다.

"판사 양반이 판결은 잘 내렸네. 근데 집행은 누가 하지? 군대는 내 손 안에 있는데? 날 막을 수 있으면 막아보라지."

그는 법보다 주먹이 가깝다는 것을 보여주었습니다. 군인들이 원주민 마을에 들이닥쳐 개머리판으로 문을 부수고 사람들을 끌어냈습니다. 마을은 불탔고, 아이들과 노인들의 울음소리가 하늘을 찌를 듯했습니다. 문명을 전파하겠다던 미국은 가장 야만적인 방법으로 그들을 몰아냈습니다.

강제 이주는 멈추지 않았고, 많은 사람이 '눈물의 길'이라 불리는 고통스러운 행군을 해야 했습니다.

눈물의 길

쫓겨난 원주민들의 행렬은 참혹했습니다. 조지아주에서 서쪽 오클라호마주(당시 인디언 보호구역)까지 무려 1,200km가 넘는 죽음의 행군이 이어졌습니다. 하필이면 유난히 혹독한 겨울이었습니다. 눈보라 치는 황량한 들판을 얇은 옷차림과 맨발로 걸어야 했습니다. 먹을 것은 부족했고, 담요도 없었습니다. 폐렴과 천연두까지 돌았습니다.

길가에 쓰러진 노인을 안고 우는 가족에게 미국 기병대원들은 총부리를 겨누며 소리쳤습니다.

"안 일어나? 뒤처지면 버리고 간다! 빨리빨리 움직여!"

어머니들은 얼어 죽은 아기를 품에 안고 울부짖었고, 노인들은 고향 쪽을 바라보며 숨을 거뒀습니다. 그들이 지나간 자리에는 무덤조차 만들지 못한 시신들이 눈 속에 묻혔습니다.

이 비극적인 이동 경로를 역사는 '눈물의 길(Trail of Tears)'이라 부릅니다. 강제로 끌려간 체로키족 약 15,000명 중 4,000명 가량이 추위와 굶주림으로 길 위에서 목숨을 잃었습니다. 거의 네 사람 중 한 명이 사라진 셈입니다.

겨우 도착한 곳은 풀 한 포기 제대로 나지 않는 황량한 허허벌판이었습니다. 미국 관리는 울타리가 쳐진 그곳을 가리키며 말했습니다.

"자, 여기가 원주민 보호구역이야."

이름은 '보호'지만, 실제로는 밖으로 나가지 못하게 묶어두는 울타리이기도 했지요.

"물도 없고 나무도 없지만 알아서 살아봐. 울타리 밖으로 나오면… 알지?"

마스터 T가 안타까운 듯 혀를 찼습니다.

"보호구역? 말장난이지. 사실상 거대한 수용소나 다름없어. 쓸모없는 땅에 가둬 두고 말라 죽게 만드는 전략이야. 강대국들이 약소국을 다룰 때 흔히 쓰는 작전이지."

식량을 없애라! 버펄로 학살 작전

원주민들을 서쪽으로 몰아냈지만, 미국은 멈추지 않았습니다. 시간이 흘러 서부 대평원에 증기기관차가 달리기 시작하자, 또 다른 방해물이 생겼습니다. 바로 거대한 버펄로(아메리카들소) 떼였습니다.

수만 마리의 버펄로 떼가 지축을 울리며 철로를 막아서자 기차가 지나갈 수 없었습니다. 미국은 짜증을 냈습니다.

"아, 저 털북숭이들 진짜 걸리적거리네. 가만, 저건 평원에 사는 원주민

놈들의 밥줄 아니야?"

대평원 원주민에게 버펄로는 단순한 동물이 아니었습니다. 고기는 식량이 되고, 가죽은 옷과 텐트가 되며, 뼈는 도구가 되고, 배설물은 땔감이 되는, 그들의 생존이자 신앙 그 자체였습니다. 버펄로가 사라지면 그들은 삶의 뿌리를 잃을 수밖에 없었습니다.

미국은 사악한 미소를 지으며 잔인한 작전을 세웁니다.

"그래? 그럼 답은 간단하네. 버펄로를 다 죽여버려! 놈들의 식량 창고를 없애버리면, 굶어 죽기 싫어서라도 기어나오겠지."

달리는 기차 창문마다 총구가 나왔습니다. 사람들은 마치 스포츠를 하듯 움직이는 버펄로를 향해 방아쇠를 당겼습니다.

"탕! 탕! 누가 더 많이 잡나 내기하자!"

▶ 북아메리카의 거대한 주인공 아메리카들소는 '대륙 생태계의 상징'이에요. 이들은 한때 북미 대평원을 가득 메웠고, 원주민들에게는 식량·의복·도구·문화까지 이어주는 소중한 존재였지요. 19세기 후반, 들소는 대규모로 사냥당하며 거의 사라질 뻔했고, 원주민의 삶의 기반도 무너졌습니다.

그들은 고기를 가져가기 위해서가 아니라, 그저 죽이기 위해 사냥했습니다. 들판에는 가죽만 벗겨지거나 총에 맞은 채 버려진 버펄로 시체가 산처럼 쌓였습니다. 한때 수천만 마리에 달했던 버펄로는 순식간에 수천 마리 수준으로 급감해 멸종 위기에 몰렸습니다.

결과는 미국의 예상대로였습니다. 삶의 터전을 잃고 굶주린 원주민 전사들은 피눈물을 흘리며 제 발로 보호구역에 들어가, 미국 정부가 던져주는 배급 식량에 의지해 살아야 하는 처지가 되었습니다. 총칼보다 무서운 것은 굶주림이었습니다.

카우보이의 진실 vs 할리우드의 거짓말

우리가 흔히 보는 서부영화에서는 백인 개척자가 '문명', 원주민이 '야만'으로 그려지는 경우가 많습니다. 하지만 실제 역사에서는 반대의 장면도 수없이 있었습니다. 땅을 차지하려는 개척과 군사 작전 속에서 원주민 마을이 공격받고 여성과 아이까지 희생된 사건들이 있었고, 원주민들도 생존을 위해 저항하고 싸울 수밖에 없었습니다. 영화처럼 단순한 '선과 악'의 이야기가 아니었던 것입니다.

심지어 영화 속 백인 일색인 카우보이도 거짓말입니다. 실제 카우보이의 상당수는 흑인이나 멕시코인이었습니다. 할리우드 영화는 철저히 백인 중심주의로 역사를 왜곡하고 미화해 온 것입니다.

마스터 T가 냉소적인 표정으로 덧붙였습니다.

▶ 카우보이는 미국 서부의 상징이 됐어요. 개척, 자유, 모험 같은 이미지가 강하죠. 하지만 서부로의 확장은 땅을 둘러싼 갈등, 원주민과의 충돌, 법과 폭력의 경계가 흐릿한 현실도 있었습니다. 카우보이의 1/3 정도는 멕시코인과 흑인이었고요.

"이게 바로 '미디어의 힘'이야. 승자가 역사를 쓴다는 말이 있지? 미국은 할리우드라는 강력한 스피커를 이용해서 자신들의 침략을 '로망'으로, 학살을 '모험'으로 포장했어. 우리가 보는 서부영화? 그건 잘 만든 '세탁용 홍보 영상'일 뿐이야."

영혼까지 개조하라

미국은 땅을 뺏는 것만으로는 성에 차지 않았습니다. 원주민의 생명뿐만 아니라, 그들의 영혼까지 뿌리뽑아버리기로 작정한 것입니다.

19세기 말, 미국은 기발하고도 잔인한 아이디어를 떠올리며 무릎을 탁 쳤습니다.

"총알은 너무 비싸고 시끄러워. 더 조용하고 확실한 방법이 없을까?"

미국은 원주민 마을을 훑어보며 음흉하게 중얼거렸습니다.

"다 큰 어른들은 이미 글렀어. 머릿속까지 야만인 물이 들었거든. 하지만 아이들은 다르지. 하얀 도화지 같잖아?"

미국의 눈이 번뜩였습니다.

"그래! 아이들을 데려다가 백인으로 다시 색칠하는 거야. 겉가죽은 인디언이라도 속은 완벽한 백인으로 개조하자고. 일명 '영혼 세탁'이지."

곧이어 보호구역 내에 기숙학교가 세워졌습니다. 군인들이 군홧발로 원주민 천막을 걷어차고 들이닥쳤습니다.

"국가의 명령이다! 아이들을 내놔!"

부모들이 울부짖으며 아이들을 끌어안았지만, 군인들은 개머리판을 휘두르며 아이들을 짐짝처럼 트럭에 실었습니다.

"내 새끼를 어디로 데려가는 거야? 안 돼!"

"시끄러워! 너희 같은 야만인으로 키울 셈이야? 우리가 공짜로 문명인으로 만들어줄 테니 고마운 줄 알아. 끌고 가!"

학교에 도착한 아이들은 가장 먼저 머리카락부터 잘렸습니다. 원주민에게 긴 머리는 영혼의 상징이었지만, 교사들은 가위로 싹둑 잘라버렸습니다.

"자, 오늘부터 너희 이름은 '앉은 소'나 '뛰는 곰'이 아니야. '존', '메리'다. 그 이상한 야만인 말을 한마디라도 쓰면 입에 비누를 물리고 매질을 할 거다!"

원주민 전통옷 대신 군복 같은 교복이 입혀졌고, 기독교 교리를 강제로 주입 받았습니다. 그들의 구호는 소름 끼치도록 명확했습니다.

"인디언을 죽여라, 그리고 그 안의 인간을 살려라(Kill the Indian, Save the Man)."

이 말은 19세기 말 원주민 아이들을 기숙학교에 보내 언어·이름·옷차림을 바꾸고 문화 자체를 지우려 했던 동화정책을 정당화하는 데 쓰였습니다.

이것은 육체적 살인이 아닌, 문화적 제노사이드(학살)였습니다. 자신의

▶ 19~20세기 초, 미국에는 원주민 아이들을 부모들에게서 떼어놓고 미국식 생활을 강요하는 학교들이 있었습니다. 머리 모양, 옷, 언어, 이름까지 바꾸게 하며 아메리카 원주민으로서의 정체성을 지우려고 했죠.

언어와 문화를 뺏긴 아이들은 어른이 되어서도 백인 사회에 끼지 못하고, 부족으로 돌아가서도 환영 받지 못한 채 정체성의 혼란 속에 방황했습니다.

미국은 술과 마약에 빠진 그들을 보며 뻔뻔하게 혀를 찼습니다.

"쯧쯧, 우리가 먹여주고 재워주고 문명화시켜줬는데도 적응을 못하네. 역시 열등한 인종이라니까."

효율과 이익을 위해서라면 약자의 희생은 당연하다는 게 바로 '주식회사 아메리카'의 사훈이지요.

서쪽 끝 태평양까지 도달한 미국. 그의 발자국 아래에는 '명백한 운명'이라는 이름으로 짓밟힌 원주민들의 피눈물이 고여 있었습니다. 하지만 미국의 탐욕은 여기서 멈추지 않았습니다. 서쪽 바다를 보자마자, 이번에는 남쪽의 넓은 땅이 눈에 들어오기 시작했으니까요.

여러분, 준비되셨나요? 그림 속에 미국의
파란만장한 역사가 숨어 있습니다! 마치
보물찾기를 하듯, 그림 구석구석에 숨겨진
역사적 순간들을 찾아 떠나볼까요?

눈을 크게 뜨고,
역사의 현장 속으로 다이빙!

Q 머니 뭐니 미국 역사 대탐험

3. 서부로! 서부로! 희망과 눈물의 두 얼굴

"서쪽으로 가는 것은 우리의 명백한 운명이다!" 수많은 사람이 꿈을 안고 서부로 향했지만, 그 땅의 주인이었던 원주민들에게는 피눈물 나는 비극의 시작이었습니다.
천사의 인도를 받으며 끝없이 이어지는 서부 개척 마차 행렬은 어디에 있을까요?
총을 든 군인들에게 쫓겨 슬픈 표정으로 걸어가는 원주민들의 눈물의 길은 어디 있을까요?
달리는 기차 위에서 재미로 마구잡이 사냥을 당하는 불쌍한 버펄로 떼는 어디에 있나요?

❶ 명백한 운명(Manifest Destiny): 서부 개척을 신이 부여한 미국의 사명으로 정당화하는 사상입니다.

❷ 서부 이주 행렬: 19세기 중반, 더 넓은 땅과 일자리를 찾아 수만 가구가 마차에 가족과 살림을 싣고 서부로 이동했습니다.

❸ 눈물의 길(Trail of Tears): 1830년대, 미국 정부의 원주민 이주 정책으로 체로키 등 동남부 원주민들이 군의 감시 아래 고향을 떠나 먼 서쪽의 보호 구역으로 강제 이주당했습니다.

❹ 버펄로 대량 학살: 19세기 후반 서부로 철도가 뻗고 상업적 가죽 거래가 늘면서, 평원지대의 버펄로가 무분별하게 사냥되어 개체 수가 급감했습니다.
❺ 원주민 강제 동화정책: 미국 정부는 원주민 아이들을 가족과 공동체에서 떼어내 기숙학교에 강제수용하고, 영어 사용과 기독교식 생활을 강요하며 전통 언어와 이름, 복장, 관습을 억압했습니다.

"발전이라는 이름의 야만"

천사가 이끄는 길: 천사가 서쪽을 가리키며 마차 행렬을 이끌고 있습니다. 미국인들은 서쪽으로 가는 것이 신이 내린 '명백한 운명'이라고 믿었습니다. 하지만 그 길은 누군가에게는 지옥이었죠.

눈물의 길: 천사 아래쪽을 보면 분위기가 다릅니다. 총 든 군인들에게 쫓겨 눈보라 속을 걷는 원주민들이 보이나요? 고향을 뺏기고 쫓겨나는 이 슬픈 이동을 '눈물의 길'이라고 부릅니다.

사라지는 버펄로와 문화: 기차 위에서 백인들이 재미로 버펄로를 마구 쏘아 죽이고 있습니다. 원주민들의 식량을 없애려는 것이었죠. 오른쪽 아래 학교에서는 원주민 아이들의 머리카락을 자르고, 그들의 말과 문화를 쓰지 못하게 강제로 교육하는 슬픈 모습도 담겨 있습니다.

텍사스와 캘리포니아를 뺏어라!

멕시코와의 전쟁

ALAMO
CALIFORNIA OR BUST
CALIFORNIA OR BUST
CALIFORNIA

내 구역에 얼씬도 마라!

루이지애나 구입으로 몸집을 불린 미국. 하지만 덩치가 커졌다고 해서 걱정이 사라진 것은 아니었습니다. 오히려 지켜야 할 땅이 넓어지자 불안 감도 커졌습니다.

1820년대, 미국의 남쪽 동네인 라틴아메리카(중남미)는 시끄러웠습니다. 멕시코, 아르헨티나, 칠레 등 수많은 나라가 쇠약해진 스페인에 반기를 들고 줄줄이 독립을 선언했기 때문입니다.

"와, 우리도 이제 식민지 졸업이다. 독립 만세!"

미국은 처음엔 박수를 보냈습니다. 자기들도 영국 식민지 출신이니 동질감을 느꼈던 거죠. 하지만 기쁨도 잠시, 바다 건너 유럽에서 심상치 않은 움직임이 포착되었습니다.

나폴레옹전쟁이 끝나고 다시 뭉친 유럽의 군주들(러시아, 프로이센, 오스트리아 등 신성동맹)이 팔을 걷어붙였습니다.

"감히 식민지 놈들이 맞먹으려 들어? 왕의 권위가 땅에 떨어졌군. 여봐라, 스페인을 도와서 저 반란군 놈들을 다시 눌러버려라!"

유럽의 최강 군대들이 다시 대서양을 건너올 기세였습니다. 아직 청소년기에 불과했던 미국은 얼굴이 하얗게 질렸습니다.

"뭐야, 유럽 깡패들이 바로 옆집(남미)에 다시 짐을 푼다고? 그럼 다음 차례는 나잖아?"

미국은 밤잠을 설쳤습니다. 옆집에 다시 강력한 유럽 군대가 주둔한다면, 이제 막 크기 시작한 미국의 안보는 바람 앞의 등불이었습니다.

1823년, 미국의 5대 대통령 제임스 먼로는 의회 연설을 통해 깜짝 선언을 내놓습니다. 이것이 그 유명한 '먼로주의(Monroe Doctrine)'입니다.

미국은 헛기침을 한 번 크게 하고는 대서양 너머 유럽을 향해 소리쳤습니다.

"어이, 유럽 형님들! 잘 들으시오. 아메리카 대륙(남북 전체)은 이제 '독립 구역'이오. 앞으로 여기다 식민지 만들 생각은 하지 마시오. 우리도 유럽 일에 간섭 안 할 테니까, 당신들도 아메리카 일에 신경 끄시오. 이 선 넘으면 나랑 한판 붙는 거요!"

이 선언은 겉보기에 아주 멋있어 보였습니다. '아메리카는 아메리카인들의 것'이라며 유럽 제국주의에 맞서는 정의의 사도처럼 들렸으니까요.

하지만 마스터 T가 비웃음을 흘리며 태블릿에 당시 미국의 군사력 차트를 띄워 보여주었습니다.

"정의의 사도? 웃기지 말라고 해. K, 잘 봐라. 당시 미국 해군은 유럽 열강에 비하면 '종이배' 수준이었어. 그런데 어떻게 유럽의 글로벌 기업(제국)들이 스타트업의 엄포에 꼼짝 못하고 물러났을까? 말이 안 되잖아."

한국이 고개를 갸웃거렸습니다.

"그러게요. 힘도 없는데 어떻게 깡패들을 막았죠?"

"뒤에 진짜 보디가드가 숨어 있었거든. 바로 어제의 적, 영국이야."

"영국이요? 미국이랑 싸웠잖아요?"

"비즈니스에 영원한 적이 어딨어. 당시 산업혁명을 일으키고 '세계의 공장'이 된 영국은 공장에서 쏟아져나오는 물건을 팔 시장이 필요했지. 그런데 스페인이 남미를 다시 식민지로 만들면 어떻게 될까? 자기들끼리만 거래하려고 문을 걸어 잠그겠지(보호무역). 영국 입장에선 남미가 독립국가로 남아 있어야 마음대로 물건을 팔 수 있는 '자유시장'이 유지되는 거야."

마스터 T가 만년필로 대서양 지도를 가리켰습니다.

"그래서 영국은 남미를 직접 식민지로 만드는 귀찮은 짓 대신, 압도적인 해군력으로 대서양 길목을 딱 틀어쥐고 유럽 군대들을 막아준 거야. '어허, 여기 영업 방해하지 말고 돌아가세요. 이 시장은 내가 접수합니다'

라고 하면서.”

이렇게 먼로주의는 ‘미국의 허세’와 ‘영국의 계산기(시장 확보)’가 맞아 떨어진 합작품이었습니다. 영국은 돈을 벌고, 미국은 공짜로 아메리카의 ‘대장’ 타이틀을 얻은 셈이죠.

“봤지? 내 말 한마디면 유럽 애들도 꼼짝 못 해. 자, 이제 방해꾼도 사라졌으니 본격적으로 뒷마당 관리 좀 해볼까?”

자신감이 하늘을 찌르게 된 청년 미국. 그의 탐욕스러운 눈길은 이제 서쪽 끝, 멕시코의 땅을 향해 돌아갔습니다.

텍사스의 트로이 목마

루이지애나 구입으로 몸집을 불리고, 1823년의 먼로주의 선언 이후 이제 아메리카 대륙에서 미국을 막을 자는 아무도 없었습니다. ‘청년 미국’은 더 이상 눈치 보는 식민지 출신이 아니었습니다. 힘이 넘치다 못해 주먹이 근질거리는 동네 깡패 모드가 되었죠. 지도를 보니 남쪽 땅이 자꾸 거슬립니다. . 바로 이웃 나라 멕시코가 차지하고 있는 텍사스와 캘리포니아 지역이었습니다.

“서쪽 끝까지 왔는데, 남쪽 땅이 좀 불룩 튀어나온 게 거슬리지 않아? 텍사스랑 캘리포니아…. 텍사스는 목화 심기 딱 좋고, 캘리포니아는 날씨가 기가 막히다던데.”

당시 멕시코는 갓 독립한 신생국가였지만, 땅은 넓고 인구는 적어 고민이 많았습니다. 특히 북쪽 텍사스는 사람이 드물고 치안이 불안해 원주민 공동체와의 충돌도 잦았습니다. 멕시코는 땅을 개발하려고 미국에서 이주민을 불러들이는 정책을 폈는데, 이것이 훗날 예상치 못한 갈등의 불씨가 됩니다.

"어이, 미국인들, 여기 와서 농사짓고 살 사람? 땅 공짜로 줄게. 세금도 깎아줌!"

단, 조건이 있었습니다.

"멕시코 법을 지킬 것, 가톨릭을 믿을 것, 그리고 '노예제도 금지'를 따를 것."

미국인들은 떼로 몰려갔습니다.

"땅을 공짜로 준다고? 콜!"

하지만 그들은 조건을 지킬 생각이 '1'도 없었습니다. 마치 트로이의 목마 속에 숨어든 병사들 같았죠.

몇 년 후 텍사스에는 멕시코인보다 미국인이 훨씬 더 많은 기현상이 벌어졌습니다. 미국 이주민들은 흑인 노예를 부리며 뻔뻔하게 나왔습니다.

"뭐? 노예해방? 웃기지 마! 우린 영어 쓸 거고, 개신교 믿을 거고, 노예도 부릴 거야! 꼬우면 어쩔래? 우린 미국 형님이 뒤에 있다고."

멕시코로서는 기가 막힐 노릇이었습니다. 남의 나라에 들어와서 공짜 땅을 얻어놓고는, 집주인 행세를 하며 안방을 내놓으라고 큰소리치는 꼴이었습니다. 그야말로 국가적 차원의 '알박기'가 시작된 것입니다.

마스터 T가 혀를 차며 끼어들었습니다.

"이게 전형적인 기업사냥 수법이야. 처음엔 투자자나 협력사인 척 들어와서 지분을 야금야금 늘린 다음, 나중엔 경영권을 뺏어버리는 거지. 멕시코는 순진하게 문을 열어줬다가 안방까지 털린 셈이야."

알라모를 기억하라!

멕시코의 독재자 산타 안나 장군은 분노했습니다.

"감히 내 땅에서 반란을 일으켜? 다 쓸어버려!"

멕시코 대군이 텍사스로 진격했습니다.

1836년, 그 유명한 '알라모 요새의 전투'가 벌어집니다. 180여 명의 텍사스 반군(미국 의용군 포함)은 수천 명의 멕시코 정규군에 맞서 싸우다 전멸했습니다. 하지만 미국은 이 패배를 기막힌 선동 도구로 이용했습니다. 미국인들은 눈에 불을 켜고 외쳤습니다.

"알라모를 기억하라!"

이 구호는 복수심을 불타오르게 했습니다. 방심하고 낮잠을 자던 산타 안나 장군을 텍사스 군이 기습하여 사로잡았고, 그는 목숨을 부지하기 위해 텍사스 독립문서에 강제로 서명해야 했습니다.

이렇게 탄생한 것이 '텍사스 공화국(Lone Star Republic)'입니다. 별 하나가 그려진 깃발을 든 텍사스는 곧바로 미국에 합병을 요청했습니다.

"미국 형님, 나 형님네 식구로 받아줘요!"

미국 의회에서는 노예주가 늘어나는 것을 반대하는 목소리도 있었지만, 1845년 영토 확장의 화신인 제임스 폴크 대통령이 등장하며 상황은 끝이 났습니다.

"시끄러워! 일단 먹고 보는 거야. 텍사스 컴 온!"

멕시코는 격분했습니다.

"독립시켜줬더니 미국이랑 합쳐? 이건 명백한 선전포고야!"

국경선 조작 사건

전쟁을 원했던 폴크 대통령은 아주 교활한 덫을 놓았습니다. 국경분쟁 지역을 이용하는 것이었죠. 멕시코는 '누에시스강'이 국경이라고 주장했고, 미국은 더 남쪽인 '리오그란데강'이 국경이라고 우겼습니다. 그사이에는 꽤 넓은 분쟁지역이 있었지요.

폴크는 미군을 분쟁지역 깊숙이, 리오그란데강까지 내려보냈습니다.

"가서 얼쩡거려봐. 총구 들이대고 시비 걸라고. 멕시코 애들이 먼저 쏘게 만들어. 우리가 먼저 맞아야 정당방위로 때릴 명분이 생기지."

순찰하던 미군이 멕시코군과 마주쳤고, 예상대로 총격전이 벌어졌습니다. 폴크는 기다렸다는 듯이 의회에서 종이를 흔들며 연설했습니다.

"여러분, 멕시코가 국경을 넘어 우리 영토를 침범했습니다. 신성한 미국인의 피가 미국 땅에 뿌려졌습니다! 참으시겠습니까?"

전쟁의 광기 속에 이성적인 목소리를 낸 사람들도 있었습니다. 당시 풋내기 하원의원이었던 에이브러햄 링컨은 손을 들고 따졌습니다.

"잠깐만요! 대통령님, 거기가 진짜 우리 땅 맞아요? 피가 뿌려진 정확한 지점을 찍어봐요. 남의 땅 가서 시비 건 거 아닙니까?"

『월든』의 작가 헨리 데이비드 소로는 더 강하게 나갔습니다. 그는 "불의한 전쟁을 일삼는 정부에는 세금을 낼 수 없다"며 납세를 거부하고 감옥에 갇혔습니다. 하지만 당시 대다수 미국인은 그들의 목소리를 무시하고 전쟁과 복수를 외쳤습니다. 먼로주의로 다져진 '내 구역'이라는 오만이 폭발한 것이었죠.

마스터 T가 냉소적인 미소를 지었습니다.

"명분이 없으면 만들면 그만이라는 거지. '피해자 코스프레'를 해서 여론을 선동하는 건 예나 지금이나 강대국들이 전쟁을 시작할 때 쓰는 고

▶ '멕시코 할양(Mexican Cession)'은 미국-멕시코 전쟁 뒤에 멕시코가 미국에 넘긴(또는 빼앗긴) 거대한 지역을 뜻해요. 지금의 캘리포니아·네바다·유타·애리조나 등 여러 주의 뼈대가 이때 만들어졌죠. 미국은 "대륙 끝까지!"를 외치며 영토를 확장했지만, 그 과정엔 전쟁, 갈등, 그리고 누군가의 삶터가 바뀌는 아픔도 함께 있었어요.

전적인 수법이야."

멕시코의 비명, 미국의 쇼핑

1846년 시작된 미국-멕시코 전쟁은 전쟁이라기보다 일방적인 구타에 가까웠습니다. 미국은 최신식 대포와 소총으로 무장했지만, 멕시코는 낡은 총을 들고 있었고, 내부 쿠데타로 정부가 계속 바뀌는 혼란스러운 상황이었기 때문입니다.

미군은 육지로는 멕시코시티로 진격하고, 바다로는 캘리포니아 해안에 상륙했습니다. 1847년 9월, 멕시코의 심장인 멕시코시티가 함락되었습니다. 미군은 대통령 궁인 차풀테펙 성에 성조기를 꽂았습니다.

피를 흘리며 무릎 꿇은 멕시코는 미국에게 물었습니다.

"졌어… 항복할게. 원하는 게 뭐야?"

협상 테이블에 앉은 미군은 총을 테이블 위에 '턱' 하고 올려놓았습니다. 그러고는 아주 신사적인 척 돈가방을 내밀었습니다.

"우린 신사니까 돈 주고 땅을 살게. 자, 1,500만 달러."

멕시코는 울먹였습니다.

"이거 루이지애나 때랑 똑같은 가격이잖아…. 물가는 안 올랐어?"

하지만 거부할 권리는 없었습니다. 미국은 지도에 거침없이 선을 그었습니다.

"캘리포니아, 네바다, 유타, 애리조나, 뉴멕시코, 콜로라도 다 내놔."

멕시코 국토의 약 55%가 날아가는 순간이었습니다. 미국은 총구를 만지작거리며 위협했습니다.

"죽이고 다 가져가도 되는데, 귀찮아서 돈 주는 거야. 받을래, 죽을래?"

멕시코는 떨리는 손으로 조약에 서명할 수밖에 없었습니다.

이 '과달루페 이달고 조약(1848년)'으로 멕시코는 하루아침에 국토의 절반을 잃고 국력이 크게 약화되었고, 미국은 대서양에서 태평양에 이르는 거대한 대륙국가를 완성했습니다.

왜 하필 캘리포니아였나?

여기서 드는 의문이 있습니다. 미국은 왜 그렇게 멀리 떨어진 캘리포니아까지 집착했을까요? 텍사스만 먹어도 충분히 배불렀을 텐데 말이죠.

미국은 세계지도를 펼치며 으스댑니다.

"훗, 넌 나무만 보고 숲을 못 보는구나. 동부 항구(뉴욕)는 유럽이랑 거래하기 좋지. 하지만 이제 아시아의 시대가 올 거야. 중국의 차, 도자기, 비단!"

미국은 태평양 건너 중국 등 아시아와 본격적으로 무역을 하고 싶었습니다. 그러려면 배를 댈 수 있는 크고 안전한 항구가 필수적이었습니다. 샌프란시스코만은 세계적으로 손꼽히는 천연 항구였죠. 미국 입장에서는 멕시코 같은 농업국가가 이런 귀한 항구를 가지고 있는 건 '자원 낭비'처럼 보였습니다.

결국 이유는 무역과 돈이었습니다. 태평양 패권을 쥐기 위한 큰 그림. 멕시코와의 전쟁은 그 필수 코스였던 셈이지요.

신은 미국의 편?

역사의 신은 잔인하게도, 아니 노골적으로 미국의 손을 들어주었습니다. 조약이 체결되기 불과 며칠 전 캘리포니아의 어느 강가에서 한 목수가 반짝이는 것을 줍습니다.

"어? 이거… 금 아니야?"

소문은 삽시간에 전 세계로 퍼졌습니다.

"캘리포니아 강바닥에 황금이 널려 있단다. 줍는 사람이 임자래!"

1849년, 일확천금을 꿈꾸는 사람들이 미친 듯이 서부로 몰려들었습니다. 그 유명한 '캘리포니아 골드러시'입니다. 1850년대 중반까지 30만 명이 넘는 사람들이 캘리포니아로 몰려들었죠.

미국은 돈방석에 앉았습니다.

"으하하, 땅을 차지하자마자 금이 터지네. 운이 정말 좋군!"

반면 멕시코는 땅을 치며 통곡했습니다.

"으아악, 저게 다 내 금이었는데!"

이때 캘리포니아에서 채굴된 막대한 금은 미국이 농업국가에서 산업국가로 발전하는 데 필요한 자본을 공급하는 역할을 했습니다. 만약 멕

▶ 이곳은 1848년, 캘리포니아에서 처음으로 금이 발견된 장소입니다. 작은 제재소 옆 강바닥에서 반짝이던 금 조각 하나가 전 세계 사람들을 미국 서부로 끌어들였습니다. 수십만 명이 '한 방'을 꿈꾸며 몰려들었죠. 하지만 돈을 번 건 금을 찾은 사람보다 상인·운송업자·은행이 더 많았고, 자연 훼손과 원주민 삶의 붕괴라는 큰 대가도 함께 남았습니다.

시코가 금을 먼저 발견했다면 역사는 완전히 바뀌었을지도 모르지만, 운명은 철저히 미국의 편이었습니다.

거인의 그림자, 그리고 분열

현대의 햄버거 가게. 이야기를 듣던 한국은 멕시코의 처지에 안타까움을 느꼈습니다. 하지만 미국은 어깨를 으쓱할 뿐입니다.

"뭐, 역사에 만약은 없으니까. 캘리포니아의 실리콘밸리, 할리우드… 다 그때 얻은 땅이야."

하지만 과식하면 체하는 법. 갑자기 미국이 배를 움켜쥐며 괴로워합니다. 거대한 땅을 꿀꺽 삼키자, 그 땅을 어떻게 쓸지를 두고 미국 내부에서 싸움이 벌어지기 시작한 것입니다.

북부 사람들은 외쳤습니다.

"새로 얻은 땅에 공장 짓자! 노예 금지!"

남부 사람들은 맞섰습니다.

"무슨 소리! 목화농장 지어야 해! 노예 확대!"

멕시코와 전쟁에서의 승리가 오히려 독이 되어 남과 북의 갈등이 폭발하기 직전이었습니다. 외부의 적이 사라지자, 내부는 서로에게 총구를 겨누기 시작했습니다.

이제 미국은 형제끼리 피를 흘리는 끔찍한 내전, 남북전쟁의 소용돌이 속으로 빠져들게 됩니다.

여러분, 준비되셨나요? 그림 속에 미국의 파란만장한 역사가 숨어 있습니다! 마치 보물찾기를 하듯, 그림 구석구석에 숨겨진 역사적 순간들을 찾아 떠나볼까요?

눈을 크게 뜨고,
역사의 현장 속으로 다이빙!

4. 태평양까지! 대륙을 완성하다

멕시코와의 전쟁에서 승리한 후 캘리포니아 지도 조각을 마지막으로 끼워 맞추는 엉클 샘은 어디 있을까요?
강바닥에서 사금을 채취하는 골드러시 시대 사람들은 어디 있을까요?
멕시코로부터 독립한 텍사스 공화국은 어디 있을까요?
SUTTER'S MILL
CALIFORNIA OR BUST
SALOON
GENERAL STOREE
CALIFORNIA

❶ 미국-멕시코 전쟁: 텍사스 병합과 국경선 분쟁을 계기로 벌어진 전쟁으로, 미국의 서부 팽창이 전면적인 무력 충돌로 번졌음을 보여줍니다.
❷ 텍사스 병합: 멕시코로부터 독립한 텍사스 공화국은 자발적으로 미국에 합병되며 멕시코와의 갈등이 폭발합니다.
CALIFORNIA OR BUST
ALAMO

SUTTERS MILL
SALOON
GENERAL STORES
SUTTERS MILL
CALIFORNIA OR BUST
CALIFORNIA
❸ 캘리포니아 골드러시: 캘리포니아에서 금이 발견되자 일확천금을 노리고 전 세계에서 사람들이 몰려듭니다.
❹ 대륙국가 완성: 대서양에서 태평양까지 영토가 이어지며 미국은 대륙 한가운데를 통째로 잇는 국가가 되었습니다.

전쟁으로 얻은 땅: 대포를 쏘며 멕시코군과 전쟁을 하고 있습니다. 이 전쟁에서 이겨 캘리포니아 같은 넓은 땅을 뺏어왔죠. 카우보이들이 텍사스 지도를 끌어당기는 모습도 땅을 차지하려는 욕심을 보여줍니다.

강바닥의 황금: 강가에서 사람들이 물속에 들어가 무언가 줍고 환호하고 있죠? 바로 '금'입니다! "캘리포니아에 금이 널려 있다"는 소문에 전 세계 사람들이 몰려들었고(골드러시), 서부에는 술집과 상점이 들어서며 순식간에 도시가 되었습니다.

완성된 퍼즐: 엉클 샘(미국 정부)이 캘리포니아 조각을 지도에 끼워 맞추는 걸 보고 있습니다. 드디어 대서양에서 태평양까지 이어지는 거대한 대륙국가 미국의 지도가 완성된 순간입니다.

피로 맺어진 하나의 미국

남북전쟁과 산업화

한 지붕 두 가족

멕시코와의 전쟁으로 엄청난 영토를 집어삼킨 미국. 겉보기에 미국은 대서양에서 태평양까지 뻗어나가는 거대한 제국이 된 것 같았습니다. 하지만 속은 썩어들어가고 있었습니다. 마치 성격도, 식성도 전혀 다른 두 형제가 같은 방에서 한 침대를 쓰고 있는 것과 같았지요. 1850년대, 미국이라는 거대한 집은 반으로 쩍 갈라질 위기에 처해 있었습니다.

미국을 반으로 나누면 북쪽과 남쪽은 전혀 다른 나라처럼 보였습니다.

북부(The North)는 파란색 작업복을 입은 공장장 같았습니다. 이곳은 굴뚝에서 검은 연기가 뿜어져나오는 공장지대였고, 톱니바퀴가 쉴 새 없이 돌아가고 있었습니다. 북부의 주장은 명확했습니다.

"우리는 산업화가 살길이야. 영국 물건이 못 들어오게 관세(세금)를 팍 팍 때려야 우리 공장이 산다고! 그리고 공장에서 일할 노동자가 필요한데, 노예들이 밭에만 묶여 있으면 쓰나."

반면 남부(The South)는 회색 정장에 시가를 문 거만한 농장주 같았습니다. 끝없이 펼쳐진 목화밭에서 흑인 노예들이 허리를 숙여 일하는 풍경이 그들의 자부심이었습니다. 남부는 북부의 말에 코웃음을 쳤습니다.

"무슨 소리! 우린 목화 팔아서 먹고살잖아. 영국한테 비싸게 팔고, 영국 물건 싸게 사와야 해. 자유무역이 답이야!"

갈등의 핵심에는 돈과 노예가 얽혀 있었습니다. 북부는 노예제도를 "틀렸다"며 없애자고 했습니다. 물론 도덕적인 분노도 있었지만, 속마음에는 노예 대신 공장에서 일할 자유 노동자가 필요하다는 계산도 깔려 있었습니다. 남부에게 노예는 곧 재산이자 생산수단이었습니다.

"노예가 없으면 목화는 누가 따? 네가 딸래? 우리 재산 건드리지 마!"

착하고 나쁜 도덕적 문제가 아니라, 먹고사는 방식(경제시스템)이 정면으로 충돌한 것입니다. 새로 얻은 서부의 땅을 '노예주'로 만들 것인가, '자유주'로 만들 것인가를 두고 의회에서는 지팡이로 때리고 멱살을 잡는 난투극까지 벌어졌습니다.

폼생폼사 남부 vs 물량 공세 북부

국가 분열 게이지가 99%에 도달한 1860년 대통령 선거에서 에이브러햄 링컨이 당선되었습니다. 그는 "분열된 집은 바로 설 수 없다"라며 연방 유지를 최우선으로 내세웠습니다.

남부는 폭발했습니다.

"링컨? 저 노예해방론자가 대통령이 됐다고? 끝이야. 우린 나간다!"

남부의 여러 주는 줄줄이 '남부연합'을 결성하고 미국(연방)을 탈퇴했습니다. 1861년 4월, 남부군이 북부군의 섬터 요새에 대포를 발사하면서 형제끼리 총을 겨누는 비극, 남북전쟁이 시작되었습니다.

전쟁 초기 승리의 여신은 남부의 손을 들어주는 듯했습니다. 남부에는 로버트 리 장군 같은 전술의 천재들이 많았고, "내 땅에서 나가라"는 명분이 확실했기 때문에 사기가 높았습니다. 북부군은 덩치만 컸지 준비가 부족한 오합지졸에 가까웠습니다. 전투마다 패배하며 밀려났고, 수도 워싱턴 코앞까지 위협받는 처지가 되었습니다. 링컨은 밤잠을 이루지 못하고 집무실을 서성였습니다.

하지만 북부에는 남부가 가지지 못한 치트키가 있었습니다. 바로 돈과 공장이었습니다. 북부는 인구, 공업력, 철도, 식량 생산에서 남부보다 월등했습니다.

북부는 24시간 공장을 풀가동해 총과 대포, 군복을 붕어빵 찍어내듯 쏟아냈습니다. 남부가 '꺾이지 않는 용기'로 버티고 있을 때, 북부는 돈을 앞세운 압도적인 물량 공세로 밀어붙였습니다.

반면 남부는 목화가 산처럼 쌓여 있어도 팔 곳이 없었습니다. 북부의 해군이 바다를 봉쇄해버렸기 때문입니다. 돈줄이 마른 남부군은 굶주림과 보급 부족에 시달려야 했습니다. 전쟁은 결국 '용기'로 시작해서 '보급(돈)'으로 끝나는 법이니까요.

신의 한 수, 노예해방선언

전쟁이 길어지자 링컨은 고민에 빠졌습니다. 영국과 프랑스 같은 유럽 열강들이 목화를 수입하기 위해 은근슬쩍 남부를 도울 기미를 보였기 때문입니다. 링컨은 전쟁의 판을 바꿀 새로운 명분이 필요했습니다. 단순한 '땅따먹기'가 아닌, 숭고한 '인권 전쟁'으로 만드는 것.

1863년, 링컨은 노예해방선언을 발표합니다.

"지금부터 반란지역의 모든 노예는 영원히 자유다!"

이것은 신의 한 수였습니다. 이 선언은 전쟁의 성격을 근본적으로 바꾸었습니다. 연방을 지키는 전쟁이자, 노예제를 끝내는 전쟁이 된 것입니다.

사슬이 끊어진 흑인 노예들은 "만세!"를 외치며 북부군에 입대했습니다. 남북전쟁이 끝날 때까지 거의 18만 명에 달하는 흑인 병사와 수만 명의 흑인 해군이 북군에 합류했습니다. 그들은 자신의 자유를 위해, 그리고 아직 사슬 묶인 가족을 위해 목숨 걸고 싸웠습니다.

무엇보다 큰 효과는 외교전에서 나타났습니다. 노예제를 싫어하는 국민 여론 때문에, 영국과 프랑스는 더 이상 노예제를 옹호하는 남부를 공개적으로 도울 수 없게 되었습니다. 링컨의 정치적 계산이 적중해, 남부는 국제적으로 고립되었습니다.

마스터 T가 감탄하며 손가락을 "딱" 튕겼습니다.

“보이나, 이게 바로 프레임 전환의 정석이야. 링컨은 지루한 영토 분쟁을 순식간에 숭고한 ‘인권 투쟁’으로 포장해버렸어. 명분이 생기니까 영국, 프랑스도 발을 뺄 수밖에 없지. 여론전에서 승리하는 자가 결국 시장을 지배하는 법이다.”

초토화 작전과 하나의 미국

1863년 게티즈버그 전투에서 북부가 승기를 잡았습니다. 3일간 5만 명이 넘는 사상자가 발생한 참혹한 전투였습니다.

그해 11월, 게티즈버그 국립묘지 봉헌식에 선 링컨은 단 2분, 272단어의 짧은 연설로 미국의 운명을 정의했습니다.

“국민의, 국민에 의한, 국민을 위한 정부는 이 땅에서 사라지지 않을 것입니다.”

이 연설 이후 북부군은 단지 연방을 지키는 군대가 아니라, 민주주의를 수호하는 전사로 여겨지게 되었습니다. 전쟁의 의미가 한 번 더 바뀐 것입니다.

승기를 잡은 북부는 이제 자비를 버렸고, 전쟁은 더욱 잔혹해졌습니다. 북부의 셔먼 장군은 ‘초토화 작전’을 감행했습니다. 남부의 도시와 철도, 농장을 모조리 불태우며 진격한 것입니다. 영화 「바람과 함께 사라지다」에서 애틀랜타가 불타는 장면이 바로 이때를 배경으로 합니다.

“전쟁은 잔인한 거야. 다시 전쟁을 꿈도 못 꾸게 싹 다 태워버려!”

1865년, 모든 것이 불탄 폐허 위에서 남부는 결국 무릎을 꿇었습니다. 북부의 승리였습니다.

하지만 기쁨은 5일밖에 가지 않았습니다. 워싱턴의 포드극장에서 연극을 관람하던 링컨 대통령이 남부 동정론자에게 암살당한 것입니다. 그는 미국의 분열을 막아내고 '하나의 미국'을 지켰지만, 그 대가로 목숨을 바쳤습니다.

이 전쟁 이후 미국을 부르는 문법이 바뀌었다는 사실을 아시나요? 전쟁 전에는 'The United States are(미합중국들은…)'이라며 복수처럼 말하는 경우가 많았지만, 전쟁 후에는 'The United States is(미합중국은…)'라는 단수 표현이 점점 일반적이 되었습니다. 수많은 피를 흘린 끝에 미국은 비로소 쪼개질 수 없는 하나의 국가라는 의식이 굳어지기 시작한 것입니다.

너무 멀다… 철도를 놓자!

전쟁의 상처를 치유하고 다시 일어선 미국. 하지만 여전히 큰 숙제가 남아 있었습니다. 동부 뉴욕에서 서부 샌프란시스코까지 사람과 물자를 빠르게 옮기는 길이 필요했던 것입니다. 그런데 그 길은 험했고, 원주민

▶ 이 사진은 1869년, 대륙횡단철도가 완성되는 순간을 담고 있습니다. 이제 사람과 물건, 정보는 몇 달이 아니라 며칠 만에 미국을 가로지르게 되었습니다. 골드러시가 사람을 불러모았다면, 철도는 그 사람들을 하나의 시장, 하나의 나라로 묶어놓았습니다.

들이 살아온 땅을 가로지르면서 충돌이 일어나기도 했습니다. 굶주림과 사고, 질병도 큰 위험이었습니다.

"으아악! 내 땅인데 끝에서 끝까지 가는 데 반년이 걸려? 이게 나라냐!"

링컨은 전쟁 중에도 대륙횡단철도 건설 법안에 서명했습니다. 서부를 확실한 미국 땅으로 묶어두기 위해서는 철길이 필수라고 본 것입니다.

공사는 양쪽에서 시작되었습니다. 동쪽에서 출발한 '유니언 퍼시픽'은 평원지대를 달렸지만 원주민의 습격과 싸워야 했고, 서쪽에서 출발한 '센트럴 퍼시픽'은 험준한 시에라네바다산맥을 뚫어야 했습니다.

특히 서쪽 구간은 지옥이나 다름없었습니다. 백인 노동자들이 힘들다고 도망가자, 철도회사는 중국에서 온 노동자들을 헐값에 고용했습니다. 이들은 절벽 중간에 매달려 다이너마이트 구멍을 뚫는 일 등, 가장 위험한 공사를 도맡았습니다. 사람들은 수군거렸습니다.

"철도 침목 하나당 노동자 한 명의 목숨이 들어갔다."

실제로 서쪽 구간에서만 만여 명이 넘는 중국인 노동자가 일했고, 상당수가 사고와 질병으로 희생되었습니다. 차가운 레일 아래에는 그들의 피와 땀이 스며 있었습니다.

황금못

1869년 5월 10일, 유타주 프로몬토리에서 동쪽과 서쪽에서 달려온 기차가 마주 섰습니다. 마지막 레일을 연결하는 행사에서 미국은 황금못(Golden Spike)을 박으며 외쳤습니다.

"자, 이것으로 대서양과 태평양이 쇠줄로 연결되었다!"

이 역사적인 순간을 담은 기념사진에는 불편한 진실이 숨어 있습니다. 샴페인을 터뜨리며 환호하는 백인 경영진과 노동자들 사이에 정작 목숨

걸고 산을 뚫었던 중국인 노동자들의 모습은 보이지 않습니다. 프레임 밖으로 밀려난 것입니다. 철도가 완성되자마자 미국은 '중국인 배척법' 같은 법으로 이민을 제한하며 그들을 밀어냈습니다.

"일 다 했으니 이제 그만 가!"

이것이 당시 '주식회사 아메리카'의 냉혹한 방식이었습니다.

마스터 T가 씁쓸하게 웃으며 한국을 돌아봤습니다.

"토사구팽(兎死狗烹). 사냥이 끝나면 사냥개를 삶아 먹는다는 말이지. 이용할 땐 필수인력이라며 치켜세우다가, 쓸모가 없어지면 가차 없이 내치는 게 이 바닥 생리야. 네가 아무리 열심히 일해줘도, 저들은 언제든 널 프레임 밖으로 밀어낼 준비가 되어 있다는 걸 잊지 마라."

거대시장의 탄생

대륙횡단철도의 완공은 단순한 교통수단의 발달 그 이상이었습니다. 6개월 걸리던 거리가 7일로 줄어들었습니다. 공간뿐만 아니라 시간도 정복당한 셈이었습니다. 동네마다 제각각이던 시간은 기차 시간표를 맞추기 위해 4개의 표준시(동부, 중부, 산악, 태평양)로 통일되었습니다.

거미줄처럼 깔린 철도망은 미국을 단일 거대시장으로 묶어주었습니다. 시골 농부가 백화점 카탈로그를 보고 주문하면 기차가 집 근처까지 최신형 재봉틀과 옷을 배달해주는 통신판매가 시작되었습니다. 오늘날 온라인 쇼핑, 아마존의 먼 조상 격이라고 할 수 있습니다.

동부의 공산품이 서부로, 서부의 자원이 동부로 쉴 새 없이 이동하며 미국의 경제 엔진은 폭발적으로 돌아가기 시작했습니다. 피비린내 나는 내전과 가혹한 노동 위에 세워진 철길. 그것이 바로 미국을 세계 최강대국으로 밀어올린 '슈퍼파워'의 핏줄이었습니다.

5. 피로 맺은 하나 된 나라

여러분, 준비되셨나요? 그림 속에 미국의 파란만장한 역사가 숨어 있습니다! 마치 보물찾기를 하듯, 그림 구석구석에 숨겨진 역사적 순간들을 찾아 떠나볼까요?

눈을 크게 뜨고,
역사의 현장 속으로 다이빙!

전쟁터 한가운데서 노예해방선언문을 읽고 있는 키 큰 링컨 대통령은 어디 있을까요?
동쪽과 서쪽에서 달려온 기차가 만나 황금못을 박으며 대륙횡단철도가 완성되는 순간을 찾아보세요!
철도 공사 현장에서 묵묵히 일하고 있는 중국인 노동자들은 어디에 있나요?
STEA

❶ 남북의 구조적 갈등: 19세기 미국에서 공업·도시·임금노동이 성장한 북부와, 노예제에 의존한 면화 플랜테이션 농업으로 번영한 남부는 경제구조와 사회질서가 근본적으로 달랐습니다.
❷ 중국인 노동자의 희생: 대륙횡단철도 건설에서 중국인 노동자들은 서부 산악지대 같은 가장 위험한 구간에 대거 투입되어 많은 이들이 다치거나 목숨을 잃었습니다.

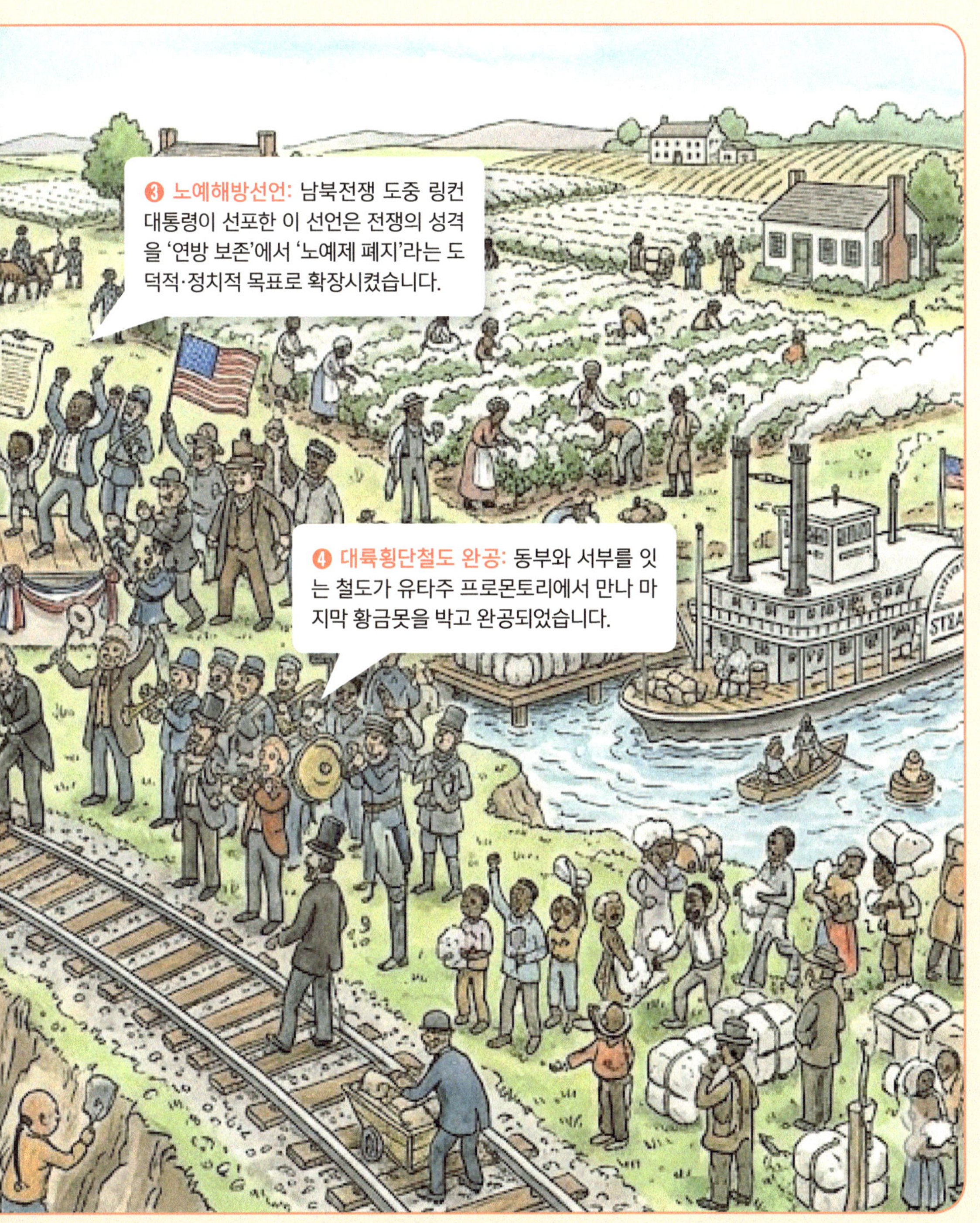

❸ 노예해방선언: 남북전쟁 도중 링컨 대통령이 선포한 이 선언은 전쟁의 성격을 '연방 보존'에서 '노예제 폐지'라는 도덕적·정치적 목표로 확장시켰습니다.
❹ 대륙횡단철도 완공: 동부와 서부를 잇는 철도가 유타주 프로몬토리에서 만나 마지막 황금못을 박고 완공되었습니다.

5. 피로 맺은 통합
"둘로 나뉜 나라를 하나로 묶다"

공장 vs 농장: 왼쪽은 연기 나는 공장(북부), 오른쪽은 흑인 노예들이 일하는 목화농장(남부)입니다. 서로 사는 방식이 달랐던 둘은 결국 노예 문제로 전쟁을 벌입니다.

노예해방선언: 전쟁터 한가운데 링컨 대통령이 노예해방선언문을 들고 서 있습니다. 흑인들이 환호하고 있죠? 이 선언으로 전쟁은 단순한 싸움이 아니라 '자유'를 위한 성스러운 전쟁이 되었습니다.

기차가 만나다: 전쟁이 끝난 후, 동쪽과 서쪽에서 달려온 기차가 만나 가운데에 황금못을 박고 있습니다. 대륙횡단철도가 완성되어 나라가 진짜로 하나 된 것이죠. 하지만 그 아래 절벽에서 곡괭이질을 하는 중국인 노동자들의 피땀 어린 희생도 잊으면 안 됩니다.

하와이 찍고 아시아까지!

스페인과의 전쟁

말은 부드럽게, 몽둥이는 크게

서부 개척을 끝내고 태평양 해안가에 선 미국. 이제 더 이상 갈 곳이 없어 보였지만, 20세기를 맞이한 미국의 야망은 오히려 더 커져 있었습니다.

사냥과 복싱을 즐기는 거친 남성미의 상징 시어도어 루스벨트 대통령은 거침없이 말합니다.

"말은 부드럽게 하되, 손에는 커다란 몽둥이를 들어라."

이른바 '큰 몽둥이 외교'입니다. 겉으로는 신사처럼 매너 있게 대화하는 척하지만, 뒤에는 무시무시한 군사력(몽둥이)을 감추고 있다가 상대가 말을 안 들으면 언제든 힘을 쓰겠다는 발상이었습니다.

이 몽둥이가 가장 먼저 향한 곳은 미국이 '앞마당'처럼 여긴 이웃, 라틴아메리카였습니다.

1904년 루스벨트는 80년 전의 '먼로주의'를 다시 꺼내 들었습니다. 하지만 내용은 완전히 달라져 있었습니다.

"옛날에 먼로 선배님이 '유럽은 아메리카에 간섭하지 마라'고 했지? 그 뜻을 좀 보충하겠어. 만약 중남미 너희들이 빚을 안 갚거나 정치를 엉망으로 해서 유럽 형님들이 화를 낸다면? 그땐 내가 나서서 대신 문제를 정리하겠다."

과거의 먼로주의가 "내 구역에 들어오지 마(방어)"였다면, 루스벨트의 보충 설명은 "내가 이 구역의 경찰이니까, 내가 알아서 개입해서 고칠 거야(간섭)"라는 뜻이었습니다.

미국이 스스로 '국제경찰' 배지를 달고 라틴아메리카를 마음대로 주무르겠다고 선언한 셈입니다.

마스터 T가 비꼬듯 헛웃음을 지었습니다.

"경찰? 말이 좋아 경찰이지, 이건 그냥 조직폭력배가 구역 관리하는 거랑 똑같아. '내 구역에서 사고 치지 마라, 칠 거면 나한테 허락받고 쳐라.' 이거지. 스스로 완장을 차고 남의 나라 내정에 간섭하겠다는 행동을 '국제경찰'이라고 포장한 거야."

나라를 쪼개서라도 길을 뚫어라!

'경찰관' 미국이 가장 먼저 한 것은 대서양과 태평양을 잇는 뱃길을 여는 일이었습니다.

미국은 동부(뉴욕)에서 서부(샌프란시스코)로 배를 보내려면 남미대륙을 크게 돌아야 했습니다. 시간이 너무 오래 걸렸지요.

"아, 미치겠네! 배 한 번 보내려면 지구 반 바퀴를 돌아야 해? 이러다 늙어 죽겠어. 허리가 잘록한 저기 파나마를 뚫어서 지름길을 내야겠어!"

▶ 시어도어 루스벨트 대통령의 '큰 몽둥이 외교'를 여과 없이 보여주는 삽화입니다. 한 손에는 거대한 몽둥이를, 다른 손에는 함대의 줄을 쥐고 카리브해를 휘젓는 그의 모습은 국제경찰을 자처하며 중남미를 미국의 앞마당으로 만들려던 야욕을 잘 보여줍니다.

당시 파나마 땅의 주인은 콜롬비아였습니다. 미국은 콜롬비아 정부와 협상하며 제안했습니다.

"이보시오, 콜롬비아 양반. 내가 파나마 땅 좀 빌려서 운하 좀 팝시다. 1,000만 달러에 해마다 추가 임대료도 챙겨 드리겠소."

하지만 콜롬비아는 콧방귀를 뀌었습니다.

"그 돈으로? 우리 땅을 넘기라고? 어림없어!"

협상이 결렬되자, 루스벨트의 몽둥이가 움직이기 시작했습니다. 그는 몽둥이를 손바닥에 '탁탁' 치며 으르렁거렸습니다.

"감히 내 제안을 거절해? 집주인이 말을 안 들으면⋯ 바꿔버리면 그만이지."

미국은 파나마 지역의 분리 독립 세력에게 은밀히 접근해 속삭였습니다.

"야, 너희 콜롬비아 밑에서 계속 불만 많지? 지금 독립하면 우리가 뒤를 봐줄게. 내 군함 보이지? 쟤네 절대 못 넘어오게 막아줄게."

1903년, 파나마에서 독립선언이 일어났습니다. 미국 군함이 파나마 앞바다에 서서 콜롬비아 군대의 진입을 막자, 콜롬비아는 제대로 진압에 나서지 못했습니다. 미국은 곧바로 파나마를 신생 독립국으로 승인하고, 콜롬비아에 제시했던 것과 같은 조건으로 운하 건설권을 얻었습니다.

"미국 형님, 감사합니다. 여기 운하 건설권이요! 마음대로 파세요!"

루스벨트는 이렇게 자랑했습니다.

"의회 영감님들이 앉아서 토론이나 하는 동안 나는 가서 파나마 운하를 차지해버렸지. 행동만이 답이라니까!"

1914년 완공된 파나마 운하는 미국의 두 대양(대서양-태평양) 함대를 연결하는 혈관이 되었고, 아메리카 지역에서 미국의 영향력은 더욱 막강해졌습니다.

달콤한 사탕수수와 진주만

안방인 중남미까지 확실하게 단속한 미국. 거친 숨을 몰아쉬던 청년은 이제 중절모를 쓴 세련된 신사가 되어 수평선 너머를 바라보고 있었습니다. 이제 더 이상 갈 곳이 없어 보였지만, 또다시 미국의 눈은 바다 건너 먼 곳, 아시아를 향해 반짝이고 있었습니다. 중국이라는 거대한 시장에 물건을 팔러 가야 하는데, 태평양은 너무 넓었습니다.

"저 넓은 태평양을 건너가려면 징검다리가 필요해. 배가 쉬고 석탄을 채울 주유소 같은 곳 말이야."

미국의 시선이 머문 곳은 태평양 한가운데 떠 있는 보석 같은 섬, 하와이였습니다.

1890년대 하와이는 평화로운 독립 왕국이었습니다. 하지만 이미 섬 곳곳에는 미국인 사업가들이 들어와 거대한 사탕수수 농장과 파인애플 농장을 운영하고 있었습니다. 배가 부른 미국 사업가들은 사탕수수를 씹으며 뻔뻔하게 요구했습니다.

"여왕님, 솔직히 말해서 이 나라 돈은 우리가 다 벌어주잖아요? 사탕수수 농사도 우리가 짓는데, 그냥 미국 땅 합시다. 미국에 팔 때 세금 내기 아깝거든요."

하와이의 마지막 군주 릴리우오칼라니 여왕은 눈을 부릅뜨고 단호하게 외쳤습니다.

"무슨 소리냐! 하와이는 엄연한 독립국이다. 너희는 손님일 뿐이야. 어디서 남의 나라 내정에 간섭해? 당장 나가라!"

여왕이 헌법을 바꿔 그들을 몰아내려 하자, 다급해진 미국 사업가들은 본국에 도움을 요청했습니다.

"큰일 났습니다! 여기 여왕이 우리 미국 시민들의 재산을 뺏으려고 해요. 우리 목숨도 위험합니다. 빨리 군대 좀 보내줘요!"

1893년, 미국은 기다렸다는 듯이 '자국민 보호'라는 명분으로 하와이에 군함과 해병대를 보냈습니다. 미 해병대는 수도 호놀룰루에 상륙해 여왕의 궁궐 주변을 장악했고, 친미 세력은 여왕을 폐위시키고 임시정부를 세웠습니다.

여왕은 미국의 압도적인 위협 앞에서 퇴위 문서에 서명하며 피눈물을 흘렸습니다.

"나, 릴리우오칼라니는 더 큰 피 흘림을 막기 위해 권력을 내려놓는다. 하지만 역사가 이 날의 일을 기억하고 심판할 것이다."

우리가 즐겨 먹는 달콤한 파인애플과 사탕수수 뒤에는 하와이 원주민

▶ 1898년, 하와이는 미국에 공식적으로 합병되었습니다. 하와이 왕궁 앞에 사람들이 모여 있고, 중앙에는 커다란 성조기가 걸려 있습니다. 겉으로 보면 축제처럼 보이지만, 이 장면은 하와이 역사에서 매우 논쟁적인 순간입니다. 하와이는 원래 독립된 왕국이었지만, 사탕수수 농장과 태평양 항로를 노린 미국의 이해관계 속에서 왕정이 무너지고 결국 미국의 영토가 됩니다. 미국은 이를 '평화로운 합병'이라 했지만, 많은 하와이 원주민에게는 주권을 잃은 날로 기억됩니다.

들의 쓴 눈물이 배어 있었습니다.

미국은 1898년 하와이를 병합했고, 진주만은 태평양을 지배하는 미 해군의 핵심 기지가 되었습니다.

스페인과의 전쟁

하와이를 손에 넣은 미국은 이제 자신감이 넘쳤습니다. 카우보이모자를 벗고 해군 제복과 세련된 사업가 양복을 번갈아 입으며 계산기를 두드렸습니다. 지도를 보니 바로 플로리다 코앞의 쿠바와 아시아로 가는 길목인 필리핀이 눈에 딱 들어왔습니다.

"캬, 목이 참 좋은데? 쿠바는 설탕밭이고, 필리핀은 아시아로 가는 휴게소로 딱이잖아."

탐나는 땅이었지만 이미 주인이 있었습니다. 한때 제국이었지만 힘이 많이 빠진 스페인이었습니다. 미국은 입맛을 다셨습니다.

"가게 터는 좋은데 주인이 너무 늙어서 관리가 안 되네? 이빨 빠진 늙은 호랑이쯤이야. 내가 접수해줄까?"

1898년 쿠바의 아바나 항구에 정박 중이던 미국 군함 '메인호'가 의문의 폭발로 침몰하는 사건이 일어났습니다. 원인은 끝내 명확히 밝혀지지 않았지만, 미국의 신문들은 자극적인 제목으로 여론을 달궜습니다.

"특종이다! 스페인 소행이다! 감히 우리 군함을 날려? 응징하라!"

전쟁을 원하던 정치인과 언론의 선동에 여론이 들끓자, 미국은 기다렸다는 듯 스페인에 선전포고를 했습니다. 결과는 일방적이었습니다. 젊고 성장 중인 미국은 노쇠한 스페인을 압도했습니다. 전쟁은 10주 만에 미국의 승리로 끝났습니다.

스페인은 백기를 들었습니다.

"항복하오. 푸에르토리코도, 필리핀도, 괌도… 넘기겠소."

미국은 흡족한 표정으로 전리품을 챙겼습니다.

"좋아. 잘 쓸게!"

이 전쟁으로 미국은 푸에르토리코, 괌, 필리핀 등을 손에 넣고, 쿠바에도 강한 영향력을 행사하게 되었습니다. 미국은 단숨에 해외 식민지와 해군 기지를 거느린 제국의 대열에 합류했습니다.

늦게 온 손님의 횡포

필리핀을 차지한 미국의 시선은 곧바로 중국으로 향했습니다. 당시 중국(청나라)은 이미 여러 강대국에게 문호를 열고 있었고, 영국·프랑스·독일·러시아·일본 등이 중국 곳곳에서 이권을 나누어 갖고 있었습니다.

뒤늦게 도착한 미국은 배가 아파서 소리쳤습니다.

"야, 너희끼리 회식하냐? 의리 없이 다 먹으면 어떡해. 나도 좀 먹자!"

하지만 이미 좋은 항구와 이권은 다른 나라들이 꽉 잡고 있었습니다. 그러자 미국은 아주 뻔뻔하고도 그럴듯한 제안을 내놓습니다. 바로 문호개방정책입니다. 미국은 정장 매무새를 다듬으며 점잖게 말했습니다.

"이봐, 우리 촌스럽게 땅따먹기하지 맙시다. 중국 땅을 갈라서 식민지로 나누지 말고, 중국 시장을 누구에게나 공평하게 열어 둡시다. 어느 나라든 자유롭게 장사할 수 있도록 하자는 거죠. 어때?"

겉으로는 중국의 영토를 지켜주는 것처럼 보였지만, 속뜻은 이랬습니다.

"우리는 뒤늦게 와서 땅은 못 챙겼지만, 우리 물건이 제일 잘 팔리니까 문만 열려 있으면 결국 장사는 우리가 다 할 거야."

미국은 태평양을 건너 중국 시장까지 넘보는 거대한 손을 뻗고 있었습니다.

필리핀을 배신하다

한편 필리핀은 처음에는 미국을 구세주처럼 여기며 열렬히 환영했습니다. 거리로 쏟아져나온 사람들은 성조기를 흔들며 외쳤습니다.

"만세! 미국이 나쁜 스페인을 몰아냈다. 드디어 우리도 독립이다!"

그들은 미국이 자신들을 해방해줄 '정의의 사도'라고 철석같이 믿었습니다. 하지만 스페인이 떠난 자리에 성조기가 올라가자, 미국의 태도는 급격히 바뀌었습니다.

"독립? 무슨 뚱딴지같은 소리야. 내가 너희를 왜 풀어줘? 여긴 이제 내 땅이야. 주인만 바뀐 거라고."

필리핀인들은 뒤통수를 맞은 듯 경악했습니다.

"뭐라고? 우리, 해방된 게 아니었어? 스페인 대신 미국이 지배자라고? 당장 나가라!"

필리핀이 저항하자 미국은 본색을 드러냈습니다.

"어라, 말로 하니까 못 알아듣네. 그러면 매가 약이지. 싹 다 쓸어버려!"

미국은 필리핀의 독립운동을 무자비하게 진압했습니다. 이 과정에서 마을이 불타고 민간인들이 수용소에 갇히는 등 잔혹한 일들이 벌어졌습니다.

3년 넘게 이어진 전투와 진압으로 수십만 명의 필리핀인이 목숨을 잃었습니다.

이 참혹한 광경에 미국 내부에서도 비판이 터져나왔습니다. 소설가 마크 트웨인은 '반제국주의 연맹' 활동에 참여하며 날카로운 비판을 쏟아냈습니다.

"우리는 필리핀을 해방시킨 게 아니라 정복했다. 저 성조기가 부끄럽지도 않은가?"

하지만 제국의 탐욕 앞에 양심의 소리는 묻혀버렸습니다. 어제의 식민지 해방자였던 미국이 오늘의 잔혹한 제국주의자가 되는 순간이었습니다.

마스터 T가 냉정하게 쏘아붙였습니다.

"잘 봐둬라. 이게 강대국들의 민낯이야. 해방자인 척 다가와서 결국엔 지배자가 되는 패턴. 세상에 공짜 구원 같은 건 없어. 스스로 힘을 키우지 않으면 주인만 바뀔 뿐 처지는 달라지지 않는 거야."

▶ 미군 병사들이 필리핀인을 무자비하게 물고문하는 것을 묘사한 만화입니다. 뒤편에서 이 광경을 흐뭇하게 지켜보는 유럽 각국 병사들의 조소 섞인 한마디가 뼈아픕니다. "이제 저 경건한 척하는 양키들도 우리에게 돌을 던질 수 없겠군." 이는 자유의 전도사를 자처하던 미국이 유럽 제국주의자들과 다를 바 없는 잔혹한 식민 통치를 자행함으로써, 다른 나라를 비판할 도덕적 명분을 스스로 팽개쳤음을 통렬하게 꼬집고 있습니다.

조선을 미끼로 이용하다

1882년 조선과 미국은 조미수호통상조약을 맺었습니다. 조약 1조에는 두 나라 사이에 문제가 생기면 서로 해치지 말고, 필요하면 갈등을 풀도록 돕는 역할을 할 수 있다는 내용이 담겨 있었습니다. 다만 이것은 '미국이 반드시 군사적으로 개입해 조선을 지켜준다'는 약속과는 거리가 있었습니다.

국제사회에 영원한 친구는 없습니다. 오직 국익만 있을 뿐입니다. 1905년, 일본이 러일전쟁에서 승리하고 기세등등해지자 미국은 일본을 조용히 불렀습니다.

"야, 일본. 너 싸움 좀 하더라? 나랑 거래 하나 하자."

도쿄에서 미국의 전쟁장관 윌리엄 태프트와 일본의 가쓰라 다로 총리가 만나 서로의 이해관계를 확인했습니다. 이 회담 내용은 정식 조약이라기보다 비공식 메모(가쓰라-태프트 메모) 형식으로 정리되었습니다.

메모의 핵심은 대략 이렇습니다. 일본은 "필리핀에 대한 미국의 지배를 인정하겠다"고 말했고, 미국은 "일본이 조선의 '지도와 보호'를 맡는 것을 이해한다"고 밝혔습니다.

미국이 공식적으로 "조선을 마음대로 해도 된다"고 허가장을 써 준 것은 아니지만, 사실상 일본의 대한제국 지배를 크게 막지 않겠다는 신호였습니다.

대한제국은 가만히 있지 않았습니다. 고종은 1905년 가을 한국을 오랫동안 연구해온 호머 헐버트를 미국에 비밀특사로 보내 일본의 압박을 알리고 도움을 요청했습니다. 헐버트는 워싱턴에서 국무장관을 만나 고종의 편지를 전했지만, 미국의 태도는 바뀌지 않았습니다. (이승만 등 여러 독립운동가도 이후 미국 사회에 호소하며 청원과 로비 활동을 이어갔습니다.)

미국은 일본을 견제하기보다, 러시아를 막고 동아시아 질서를 안정시키는 파트너로 보는 쪽에 더 가까웠습니다. 그래서 대한제국의 호소가 이어졌지만, 미국은 끝내 적극적으로 개입하지 않았습니다.

미국에게 조선은 일본과 거래하기 위한 하나의 카드에 불과했습니다. 당시 미국의 최우선 관심사는 필리핀과 중국 시장이었고, 일본이 러시아를 막아주는 것이 더 중요했기 때문입니다.

마스터 T가 이어서 이야기했습니다.

"가쓰라-태프트 밀약. 우리 역사에서 가장 뼈아픈 순간 중 하나지. 우리는 미국을 '형님'이라 믿고 도와달라고 매달렸지만, 정작 그 형님은 뒤에서 우리를 일본에게 내주면서 자기 이익(필리핀과 태평양의 평온)을 챙긴 거야. 이게 바로 냉혹한 국제 비즈니스의 현실이다. 약소국의 믿음 따위는 강대국의 계산기 앞에서 참으로 가볍게 취급되곤 하지."

6. 세계 무대의 새로운 강자 등장!

여러분, 준비되셨나요? 그림 속에 미국의 파란만장한 역사가 숨어 있습니다! 마치 보물찾기를 하듯, 그림 구석구석에 숨겨진 역사적 순간들을 찾아 떠나볼까요?

눈을 크게 뜨고,
역사의 현장 속으로 다이빙!

힘이 넘치는 미국, 이제 나라 밖으로 눈을 돌립니다. 운하를 파고, 다른 나라를 식민지로 삼으며 세계 열강의 대열에 합류하는 '슈퍼파워' 미국의 탄생!

대서양과 태평양을 잇는 파나마 운하 건설 현장은 어디에 있을까요?
한국과 필리핀의 운명을 거래하는 가쓰라-태프트 밀약의 현장을 찾아보세요.
몽둥이를 들고 아메리카의 다른 나라들을 압박하는 엉클 샘은 어디 있나요?

❶ 먼로주의의 변형: 아메리카에 대한 유럽의 간섭을 배격한다는 초기 선언이, 미국의 이 지역에 대한 배타적 패권 주장으로 바뀝니다.

❷ 파나마운하 건설: 미국의 주도로 대서양과 태평양을 연결하는 파나마운하가 완공됩니다.

❸ 하와이 합병: 하와이 왕국을 무너뜨리고 미국의 영토로 강제로 병합합니다.

❹ 미국-스페인 전쟁: 쿠바와 필리핀 등지에서 스페인과 벌인 전쟁에서 승리한 미국은 해외 식민지를 거느린 제국이 됩니다.
❺ 가쓰라-태프트 밀약: 미국은 필리핀을, 일본은 조선을 지배하는 것을 서로 묵인하기로 약속합니다.

6. 세계 무대 등장
"슈퍼파워의 탄생과 냉혹한 외교"

몽둥이 든 엉클 샘: 거대한 엉클 샘이 남미 지도를 발로 누르며 큰 몽둥이를 들고 서 있습니다. "내 말 안 들으면 혼내준다"는 식으로 힘을 앞세워 다른 나라들을 간섭하기 시작한 것이죠.

산을 뚫어 만든 뱃길: 배가 산을 통과하고 있죠? 미국이 대서양과 태평양을 빨리 오가려고 산을 깎아 만든 파나마운하입니다.

비밀스러운 악수: 일본식 방에서 미국 전쟁장관과 일본 총리가 몰래 악수를 하고 있습니다. "필리핀은 미국이, 조선은 일본이 갖자"고 서로 약속하는 '가쓰라-태프트 밀약' 장면입니다. 약소국의 운명이 강대국의 거래로 결정된 냉혹한 순간이죠.

7

유럽이 자멸할 때,
돈방석에 앉다

제1·2차 세계대전

강 건너 불구경이 최고

1914년 유럽은 거대한 화약고나 다름없었습니다. 좁은 방 안에서 영국, 프랑스, 독일, 오스트리아 같은 덩치 큰 나라들이 서로 뒤엉켜 멱살을 잡고 싸우기 시작했습니다. 이것이 인류 역사상 첫 번째 세계대전, 제1차 세계대전의 시작이었습니다.

대서양 건너편의 미국은 이 상황을 어떻게 보고 있었을까요? 마치 강 건너 불구경하듯 아주 느긋한 관객 모드였습니다.

미국은 의자에 푹 파묻힌 채 주방을 향해 소리쳤습니다.

"여기 팝콘 라지 사이즈 하나 추가요! 아, 거리가 머니까 잘 안 보이네. 내 고성능 망원경 좀 가져와 봐."

그는 입안 가득 옥수수를 와작와작 씹으며 신나게 중계했습니다.

"와, 저 유럽 형님들 진짜 살벌하게 싸우네. 피 튀기는 것 좀 봐. 이거 완전 리얼액션인데? 가서 말려야 하나. 에이, 팝콘 다 먹을 때까진 구경 좀 더 하자고."

미국은 곧 계산기를 두드리기 시작했습니다. 유럽 국가들이 전쟁하느라 농사도 못 짓고 공장도 제대로 돌리지 못한다면, 그들에게 필요한 물건은 누가 팔아야 할까요? 바로 미국 자신이었습니다.

"싸움 구경이 제일 재밌는 법이지. 게다가 저기는 지금 물건이 없어서 난리잖아?"

미국은 거대한 창고 문을 활짝 열었습니다. 식량, 옷, 철강, 그리고 가장 중요한 무기가 산더미처럼 쌓여 있었습니다.

"골라 골라! 총알, 대포, 통조림 다 있어요. 현금 없으면 외상도 됩니다!"

전쟁터에서 옷이 찢어지고 피투성이가 된 영국과 프랑스는 다급하게 손을 내밀었습니다.

“미국아, 총알이 떨어졌어. 좀 보내줘. 돈은 전쟁 이기면 갚을게.”

독일 역시 소리쳤습니다.

“야, 나한테도 팔아! 내가 더 비싸게 살게!”

미국은 겉으로는 중립이라며 어느 편도 들지 않는다고 했지만, 실제로는 해상 봉쇄 때문에 주로 영국·프랑스 등 연합국과 더 많이 거래했습니다. 아무래도 정치적으로도 더 가까운 영국 쪽이 믿을 만하다고 판단한 것이었지요. 약이 오른 독일은 잠수함(U보트)을 동원해 영국으로 가는 배들을 공격하기 시작했습니다. 이 과정에서 미국 민간인이 탄 여객선도 희생되었습니다.

여기에 결정적인 한 방이 더 터졌습니다. 독일이 멕시코에게 보낸 비밀 전보가 영국에 의해 가로채져 미국에 알려진 것입니다.

“야, 멕시코. 우리가 미국과 전쟁하게 되면 우리 편에 서 줘. 우리가 이기면 텍사스, 뉴멕시코, 애리조나… 예전에 미국한테 뺏긴 땅 싹 다 되찾게 도와줄게. 콜?”

미국 입장에서는 안방인 남쪽에서 전쟁이 날 수도 있다는 섬뜩한 경고장이었죠. 이 사실을 알게 된 미국은 길길이 날뛰었습니다.

“뭐, 내 뒷마당에 불을 질러? 감히 내 여객선을 침몰시키더니, 이젠 내 땅까지 넘봐? 손님은 왕이라지만, 이건 선 넘었지. 다 덤벼! 참전이다!”

하지만 겉으로 드러낸 분노 뒤편, 미국의 속마음엔 차가운 계산기가 돌아가고 있었습니다.

‘잠깐… 감정적으로 나설 때가 아니야. 지금 영국이랑 프랑스에게 외상으로 무기를 얼마나 팔았는지 장부 좀 보자. 만약 쟤네가 전쟁에서 지면? 내 외상값은? 억! 한 푼도 못 받고 다 날리는 거잖아?’

미국은 비장하게 주먹을 불끈 쥐었습니다. 정의구현? 세계평화? 물론 그런 말도 했지만, 그보다 더 현실적인 이유도 있었습니다.

▶ 제1차 세계대전 중 독일의 U보트 공격으로 침몰하는 여객선의 모습입니다. 강 건너 불구경하며 돈방석에 앉아 있던 미국은 자국 민간인이 희생되자 분노하며 참전을 결정합니다. 하지만 그 속내에는 외상으로 팔았던 막대한 무기 값을 지키기 위해 연합국을 승리로 이끌어야 한다는 비즈니스적 계산도 깔려 있었습니다.

'안 되지. 내 피 같은 돈을 떼일 순 없어. 내 돈(채권)을 지키려면 이 전쟁, 연합국이 꼭 이겨야 해. 수금하러 간다!'

1917년 지칠 대로 지친 유럽 군대 사이에 영양 상태 좋고 쌩쌩한 미군이 등장했습니다. 미국의 병력과 물자 투입으로 힘의 균형은 급격히 기울었고, 결국 1918년 독일은 항복했습니다.

전쟁이 끝난 뒤 세계의 풍경은 완전히 바뀌었습니다. 영국과 프랑스는 전쟁에서 이기긴 했지만, 국토가 폐허가 되고 빚더미에 앉은 신세가 되었습니다. 그들은 고개를 숙이며 미국 은행 창구 앞에 섰습니다.

"저기… 전쟁 때 빌린 돈 좀 천천히 갚으면 안 될까?"

미국은 다리를 꼬고 앉아 여유롭게 말했습니다.

"안 되죠, 형님. 비즈니스는 비즈니스. 이자까지 쳐서 갚으셔야죠."

전쟁 전에는 미국이 유럽에 빚진 게 많은 채무국이었지만, 전쟁 후에는 전 세계가 미국에 돈을 갚아야 하는 채권국이 되었습니다. 세계의 돈주머니 소유권이 런던에서 뉴욕으로 넘어온 역사적인 순간이었습니다.

하지만 전쟁이 끝나자마자 총알보다 더 무서운 적이 찾아왔습니다. 바로 스페인 독감. 전쟁터에서 돌아온 군인들을 통해 퍼진 이 바이러스는 전 세계에서 5,000만 명 이상의 목숨을 앗아갔습니다. 미국 내에서도 60만 명이 넘게 사망했습니다.

미국은 진저리를 쳤습니다.

"으악, 유럽 애들 싸움에 끼어들었다가 돈은 벌었지만 병만 옮아왔네. 다시는 남의 일에 끼어들지 말자. 문 잠가!"

전쟁의 상처와 전염병의 공포 속에서 미국 사회에는 '이제 유럽 일엔 그만 끼어들자'는 정서가 퍼져나갔고, 미국은 결국 국제연맹 가입도 거부하며 다시 고립주의의 껍질 속으로 들어갔습니다.

마스터 T가 감탄 반, 경멸 반 섞인 표정으로 박수를 쳤습니다.

▶ 1929년 대공황 이후 실업자가 급증하면서 많은 사람이 빵과 수프를 받기 위해 줄을 섰어요. 대도시의 네온사인과 고층건물이 있어도, 주머니가 비면 하루가 버겁습니다. 부자 나라 미국도 이런 시간을 겪었고, 이 경험이 이후 복지·노동 정책 논쟁을 키우는 계기가 됐죠.

"기가 막힌 장사 수완이지? 남들은 피 터지게 싸울 때 뒤에서 물건 팔아 떼돈을 벌고, 전쟁 끝나니까 칼같이 빚 독촉해서 경제 패권까지 쥐었어. 이게 바로 '전쟁 비즈니스'의 핵심이야. 진짜 승자는 총 든 군인이 아니라, 그 총을 파는 상인이라는 거."

파티는 끝났다

전쟁으로 떼돈을 번 미국. 1920년대 미국은 그야말로 날마다 파티였습니다. 소설 『위대한 개츠비』에 나오는 화려한 장면들을 떠올려보세요. 사람들은 주식이 계속 오를 거라 믿으며 샴페인을 터뜨렸고, 거리는 재즈 음악과 포드 자동차로 가득 찼습니다.

집마다 라디오, 냉장고, 세탁기가 보급되었습니다. 돈이 없으면 할부로 샀습니다.

"미래의 내가 갚겠지!"

사람들은 흥청망청 돈을 썼고, 자산 가격에는 거품이 끼었습니다. 자본주의의 황금기처럼 보였지만, 보이지 않는 균열이 자라고 있었습니다.

영원할 것 같던 파티는 1929년 10월 '검은 목요일'에 비극적으로 끝이 났습니다. 주식 그래프가 수직으로 곤두박질치며 거품이 '펑' 하고 터져버린 것입니다.

"으악 내 돈! 주식이 휴지 조각이 됐어!"

대공황이 시작되었습니다. 화려했던 파티장은 순식간에 노숙자 텐트촌으로 변했습니다. 멀쩡하던 직장인들이 무료급식소에 길게 줄을 서서 빵 한 조각을 기다리는 처지가 되었습니다.

문제는 미국 혼자 어려움에 빠진 게 아니었다는 점입니다. 미국이 재채기하니 전 세계가 독감에 걸렸습니다. 미국이 돈을 빌려주지 않고 물건도 잘 사주지 않자, 독일과 일본 같은 다른 나라들의 경제도 무너졌습니다. 혼란을 틈타 "이게 다 저놈들 때문이다!"라고 외치는 독재자들이 등장했습니다. 독일의 히틀러와 이탈리아의 무솔리니, 그리고 일본의 군부였습니다. 그들은 전쟁으로 땅과 자원을 빼앗아 경제 위기를 해결하자고 사람들을 선동했습니다.

미국에서는 프랭클린 루스벨트 대통령이 등장해 뉴딜(New Deal) 정책을 펼쳤습니다. 댐을 짓고 도로를 닦는 등 대규모 공공사업을 통해 일자리를 만들어내는 처방이었습니다. 하지만 뉴딜만으로 경기가 완전히 살아나지는 못했습니다. 꺼져가는 경제의 불씨를 되살리려면 공장을 24시간 풀가동할 만한 거대한 수요가 필요했습니다. 아이러니하게도, 그 해결책은 또다시 전쟁이었습니다.

잠자는 사자의 코털을 건드려?

1939년, 히틀러가 폴란드를 침공하며 제2차 세계대전이 터졌습니다. 이번에는 전쟁의 규모와 파괴력이 훨씬 더 컸습니다. 하지만 미국은 처음에는 귀를 막았습니다.

"아, 몰라. 이번엔 진짜 안 끼어들어. 고립주의야. 그냥 무기만 좀 빌려줄게."

미국은 대서양과 태평양이라는 거대한 바다를 사이에 두고, 무기대여법을 통해 연합국에 무기를 빌려주는 방식으로 간접적으로만 전쟁을 도왔습니다.

그런데 일본이 치명적인 판단을 내립니다. 미국이 일본으로 가는 석유 수출을 막자, 일본은 도박을 감행했습니다.

"이대로 말라 죽느니 미국 태평양 함대를 먼저 치고 협상하자!"

1941년 12월 7일, 하와이 진주만에서 평화로운 일요일 아침을 깨는 폭격이 시작되었습니다. 일본군의 기습 공습으로 미군 전함과 항공기들이 잇달아 불탔습니다. 자다가 뺨을 맞고 벌떡 일어난 미국. 그는 잠옷을 갈기갈기 찢어 던지며 근육질의 거인으로 변신했습니다.

"감히 내 안방에 폭탄을 던져? 지구상에서 지워버리겠어."

분노한 미국은 본토의 모든 공장을 전쟁 모드로 돌렸습니다. 자동차를 만들던 공장에서는 탱크가 굴러나왔고, 립스틱을 만들던 공장에서는 총알을 찍어냈습니다. 남자들은 전선으로 떠났고, 여자들은 앞치마를 벗어 던지고 공장으로 달려가 용접 마스크를 썼습니다. "We Can Do It!"을 외치는 '로지 더 리베터(Rosie the Riveter)'들이었죠.

미국의 생산량은 상상을 초월했습니다. 미국 산업은 엄청난 속도로 비행기, 배 같은 전쟁 물자를 만들어냈고, 독일과 일본이 아무리 부숴도 미국은 더 빠른 속도로 무기를 채워넣었습니다. 독일과 일본은 경악했습니다.

"뭐야… 부셔도 부셔도 계속 나와! 치트키 썼냐?"

미국은 왼손으로는 유럽에서 독일을 상대하고(노르망디 상륙작전 등), 오른손으로는 태평양에서 일본을 상대하는(미드웨이 해전 등) '양손 전쟁'을 치르면서도 버텨냈습니다. 동시에 미국은 '민주주의의 병기고'를 자처하며, 영국과 소련 등에 무기와 식량을 대규모로 공급했습니다.

왕관의 교체

1944년 7월, 전쟁이 끝나기도 전에 미국은 세계 44개국 대표들을 미국의 휴양지 브레턴우즈로 불러 아주 중요한 합의를 이끌어냈습니다.

"자, 이제 전쟁 끝나면 다시 무역도 해야 하고, 돈도 안정돼야지? 너희

▶ "우리도 할 수 있어!" 제2차 세계대전 동안 남성들이 전장으로 가자, 공장엔 노동력이 부족해졌어요. 그래서 많은 여성이 공장으로 들어가 비행기·무기·부품을 만들었습니다. 이 포스터는 "여성도 국가 산업을 움직일 수 있다"는 메시지를 상징처럼 보여줘요. 전쟁이 끝난 뒤에도 이 이미지는 여성 권리와 노동을 이야기할 때 자주 등장합니다.

▶ 포스터가 아니라 현실입니다. 전시 생산 체제에서는 공장 라인이 24시간 돌아갔고, 여성 노동자들은 정밀한 부품을 조립하고 검사하며 산업을 떠받쳤어요. 이 사진은 "전쟁은 총만으로 하는 게 아니라는 것"을 보여줍니다.

들 돈은 지금 전쟁 때문에 가치가 엉망이잖아. 앞으로 세계 돈의 기준은 금… 그리고 금으로 바꿀 수 있는 유일한 돈인 미국 달러로 가자. 알겠어?"

영국의 경제학자 케인스가 다른 구상을 내놓으며 반발했지만, 전 세계 금 보유량의 상당 부분을 쥐고 있는 미국의 목소리를 막기는 어려웠습니다.

이 '브레턴우즈 체제'를 통해, 각국 통화는 달러에 고정했고, 미국은 달러를 금 1온스당 35달러의 고정 가격에 연결해 달러를 국제 결제의 중심에 두었습니다. 미국 달러는 사실상 세계 기축통화가 되었습니다. 미국은 전쟁에서만 이긴 게 아니라, 전 세계의 지갑을 움켜쥐게 된 겁니다.

1945년 독일이 먼저 항복했지만 일본은 끝까지 버티며 결사항전을 외쳤습니다.

"항복? 웃기지 마! 우린 1억 명이 다 죽어도 최후의 한 사람까지 싸울 거야! 가자, 가미카제(神風)!"

일본은 비행기에 폭탄을 싣고 미군 함정을 향해 자살 특공대처럼 돌진했습니다. 그 광기를 지켜보던 미국은 질린다는 표정으로 계산기를 두드렸습니다.

"와… 진짜 독한 놈들이네. 저런 미친놈들 잡으러 본토에 상륙했다간 내 새끼들 수십만 명이 죽겠어. 이건 수지타산이 안 맞아. 너무 비싸게 먹힌다고."

미국은 품속 깊은 곳, 뉴멕시코 사막에서 만지작거리던 히든카드를 꺼내 들었습니다.

과학자 오펜하이머 등이 참여한 '맨해튼 계획'으로 탄생한 역사상 가장 끔찍한 악마의 무기, 핵폭탄이었습니다.

"미안하지만, 더 이상 피 흘리긴 싫거든. 이 한 방으로 깔끔하게 끝내자. 잘 가라."

1945년 8월 히로시마와 나가사키에 거대한 버섯구름이 피어올랐습니다. 인류는 감당할 수 없는 힘을 목격했고, 그 스위치는 미국이 쥐고 있었습니다. 일본은 무조건 항복을 선언했습니다.

전쟁이 끝난 세계는 처참했습니다. 유럽도, 아시아도, 소련도 엄청난 피해를 입고 폐허가 되었고, 공장과 도시가 무너졌습니다. 하지만 유일하게 멀쩡한 나라가 있었습니다. 본토가 공격받지 않아 공장이 쌩쌩 돌아가는 나라, 전 세계 금의 절반 이상을 보유한 나라, 바로 미국이었습니다.

▶ 전쟁의 끝을 결정한 세 남자, 처칠, 루스벨트, 스탈린. 2차 세계대전 말기, 연합국의 지도자들이 모여 전후 세계 질서를 논의한 장면입니다. 미국은 이 자리에서 단순한 참전국이 아니라, 전쟁 이후 세계를 설계하는 중심 국가로 등장합니다. 이 회담에서의 결정은 곧 냉전과 분단, 새로운 갈등의 출발점이 되었습니다.

영국은 너덜너덜해진 왕관을 벗으며 한숨을 쉬었습니다.

"이제 난 틀렸어. 빚 갚을 힘도 없다."

미국은 그 왕관을 받아 쓰며 황금왕좌에 앉았습니다.

"형님들, 수고했어. 이제부터 대장은 나야. 세계평화회의는 우리 집 뉴욕에서 하고, 전에 얘기한 대로 앞으로 전 세계 돈의 기준은 달러로 통일한다. 다들 토 달지 말고 달러 써."

태평양과 대서양을 모두 건너는 힘, 전 세계에서 가장 강력한 경제력과 군사력을 갖춘 진정한 제국, '슈퍼파워 미국'이 탄생하는 순간이었습니다.

마스터 T가 펜을 딱 내려놓으며 차갑게 말했습니다.

"달러가 곧 금이 되는 순간, 미국은 '돈을 찍어내서 전 세계 물건을 살 수 있는' 엄청난 권력을 쥐었어. 이게 바로 미국의 진짜 힘, '금융 패권'의 시작이야. 총칼보다 더 무서운 게 뭔지 알아? 바로 '통화 주권'을 쥐는 거야."

하지만 이야기는 여기서 끝나지 않습니다. 모두가 미국 앞에 무릎 꿇는 듯한 순간, 저쪽 구석에서 피투성이지만 눈빛이 형형한 곰 한 마리가 걸어나왔습니다. 독일을 상대하며 큰 피해를 본 소련이었습니다.

"피는 내가 제일 많이 흘렸는데 왕관은 네가 쓴다고? 그건 못 참지."

미국은 흠칫 놀라며 경계 태세를 갖췄습니다.

"어라, 저 곰탱이가 반항하네?"

어제의 동지가 오늘의 적이 되는 순간. 총알 대신 이념과 정보, 무기를 앞세운 차가운 전쟁, '냉전(Cold War)'의 서막이 오르고 있었습니다.

여러분, 준비되셨나요? 그림 속에 미국의 파란만장한 역사가 숨어 있습니다! 마치 보물찾기를 하듯, 그림 구석구석에 숨겨진 역사적 순간들을 찾아 떠나볼까요?

눈을 크게 뜨고,
역사의 현장 속으로 다이빙!

7. 천국과 지옥을 오간 롤러코스터

도시 한가운데서 솟아오르는
거대한 원자폭탄 버섯구름은
어디에 있을까요?
팔 근육을 자랑하며
"우린 할 수 있어!"를 외치는
여성 노동자 '로지 더 리베터'는
어디에 있나요?
화려한 파티를 즐기는
사람들 옆으로 빵을 배급받기
위해 길게 늘어선 대공황의
행렬을 찾아보세요.

❶ 제1차 세계대전 참전: 독일의 무제한 잠수함 작전(유보트의 상선 공격) 등으로 인해 미국이 참전합니다.
❷ 1920년대 경제: 제1차 세계대전 이후 미국은 기술 발전과 대량 소비로 유례없는 경제적 번영과 화려한 문화를 누립니다.
❸ 1930년대 대공황과 뉴딜: 1929년 주가 대폭락에서 시작된 대공황을 수습하고자 루스벨트 정부는 공공사업으로 일자리를 만드는 뉴딜정책을 시행합니다.

❹ 원자폭탄 투하: 전쟁을 끝내기 위해 일본 히로시마와 나가사키에 원자폭탄을 투하합니다.
❺ 제2차 세계대전과 총력전: 진주만 공습 이후 미국은 전쟁에 본격 참전하며, 전장은 유럽·태평양으로 확대되고 국가 전체가 전쟁에 동원되는 총력전 체제로 전환됩니다.

전쟁의 두 얼굴: 제1차 세계대전의 진흙과 피로 가득한 참호 속 군인들은 포격과 독가스, 질병과 공포 속에서 하루하루를 버텼고, 제2차 세계대전의 원자폭탄은 한순간에 도시 전체를 불바다로 만들며 전쟁이 인간에게 가할 수 있는 파괴가 어디까지인지 보여주었습니다. 하지만 공장에서는 팔 근육을 자랑하는 여성(로지)처럼, 여자들도 일터로 나와 나라를 지키는 힘이 되었습니다.

파티와 빵 배급: 화려한 드레스를 입고 춤추는 사람들 바로 옆에 빵을 얻으려 길게 줄 선 사람들이 보이나요? 제1차 세계대전이 끝나고 1920년대 미국은 기술 발전과 대량 소비에 힘입어 눈부신 호황을 누리며 번영을 구가했습니다. 하지만 그 번영은 투기와 거품 위에 세워진 것이었고, 1929년 주가 폭락을 기점으로 1930년대 대공황이 닥치자 실업과 빈곤이 급속히 확산되며 거리에는 굶주린 사람들이 넘쳐났습니다.

8

얼음제국과의
한판 대결

냉전과 우주 경쟁

Cease-fire signed
VIETNAM WAR

어제의 친구, 오늘의 원수

1945년 나치 독일이 패망하고 제2차 세계대전이 끝났습니다. 베를린의 자욱한 연기 속에서 미국과 소련은 승리자로서 손을 맞잡았습니다.

"치즈!"

카메라 셔터가 터지자 두 거인은 세상 둘도 없는 친구처럼 활짝 웃었습니다. 하지만 그건 완벽한 연기였습니다. 선글라스 너머 미국의 눈과 털모자 아래 소련의 눈은 서로를 잡아먹을 듯 노려보고 있었으니까요.

미국은 어깨동무를 하며 속으로 쾌재를 불렀습니다.

"하하, 수고했어 친구! (나치는 처리했으니 이제 저 새빨간 놈들만 치우면 이 구역은 싹 다 내 거네? 어떻게 요리해줄까?)"

소련도 마찬가지였습니다. 악수한 손에 핏기가 돌 정도로 힘을 꽉 주며 생각했죠.

"동무도 고생 많았소. (흥, 웃고 있어? 저 탐욕스러운 자본주의 돼지 놈, 언젠가 내 목줄을 죄려들겠지. 내가 먼저 선수를 쳐야 해.)"

겉으로는 악수, 속으로는 멱살. 서로를 '제거해야 할 다음 타깃'으로 찍어둔 이 살벌한 동상이몽이 바로 40년 이상 이어진 냉전의 불씨가 되었습니다. 평화는 잠깐 스쳐 지나갔습니다. 영국의 총리 윈스턴 처칠이 시가 연기를 내뿜으며 탄식했지요.

"보시오. 유럽 대륙 한가운데 거대한 '철의 장막'이 내려졌소. 이제 우린 완전히 갈라선 거요."

지구촌은 순식간에 파란색(자유 진영)과 빨간색(공산 진영)으로 갈라졌습니다.

미국은 '마셜플랜'이라는 엄청난 원조 자금을 준비해 서유럽 국가들을 끌어당겼습니다.

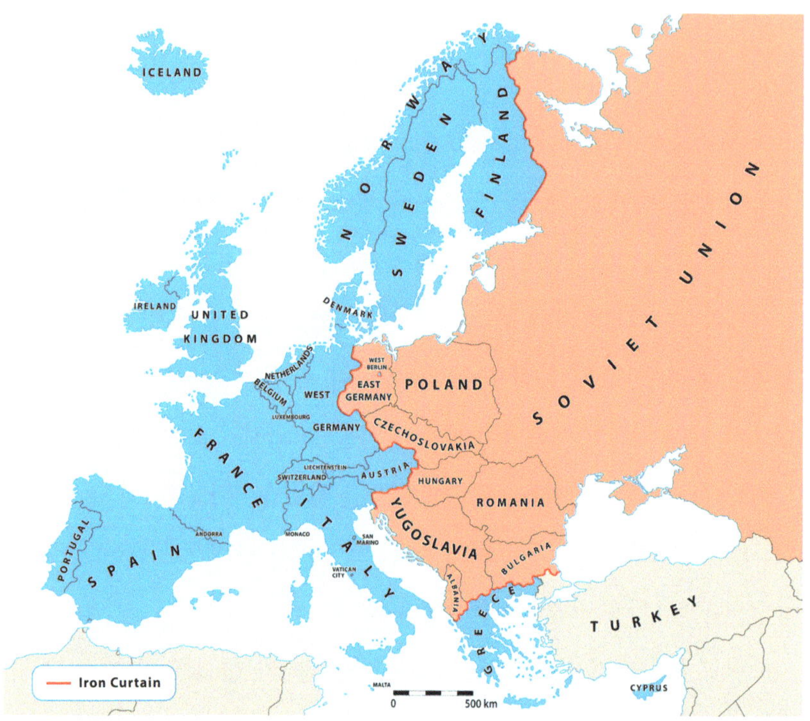

▶ 제2차 세계대전 이후 유럽은 두 개의 진영으로 갈라졌습니다. 파란색은 미국과 서유럽이 이끄는 자유 진영, 붉은색은 소련이 지배한 공산 진영입니다. 두 세계를 가르는 붉은 선이 바로 '철의 장막'이지요. 1946년 영국 총리윈스턴 처칠이 "유럽에 철의 장막이 내려졌다"라고 말한 이후, 이 선은 이념·군사·경제 체제가 완전히 갈라진 냉전의 경계선을 상징하게 되었습니다. 독일은 동서로 분단되었고, 베를린은 장벽으로 나뉘었지요. 유럽 한복판에 그어진 이 선은 총성 없는 전쟁, 냉전의 시대가 시작되었음을 보여줍니다.

"자, 다들 배고프지? 줄을 서시오! 여기 우리 편(파란색)에 서면 공장 지어주고, 밀가루 주고, 고기도 준다. 저기 공산당 개네는 쥐뿔도 없어서 굶어야 해. 형은 부자야, 믿고 따라와!"

반면, 주머니 사정이 넉넉지 않은 소련은 탱크 시동을 '부릉' 걸며 동유럽 국가들을 위협했습니다.

"돈? 우린 그런 거 안 키워. 대신 배신하면 탱크로 밀어버린다. 딴맘 먹지 말고 꼼짝 마! 알겠어?"

1948년, 심통이 난 소련은 서베를린으로 들어가는 모든 길목을 차단했습니다. 기찻길도, 도로도, 물길도 꽁꽁 틀어막았습니다. 소련은 팔

짱을 끼고 비웃었습니다.

"야, 서베를린! 오늘부터 밥줄 끊는다. 전기랑 수도도 다 끊어. 어디 한번 굶어 죽어봐라. 배고파서 못 참겠으면 우리 쪽에 항복하든가."

독 안에 든 쥐가 된 서베를린 시민들은 공포에 떨었습니다. 하지만 미국은 소련의 예상을 보란 듯이 깼습니다. 미국은 하늘을 가리키며 콧방귀를 뀌었습니다.

"뭐? 길을 막았어? 하 참, 땅이 막히면 하늘로 가면 되지! 우리 비행기 기름 넘쳐나는 거 몰라?"

미국은 수송기를 띄워 서베를린 하늘을 뒤덮었습니다. 비행기에서는 석탄, 밀가루, 고기, 의약품이 끊임없이 실려 들어왔습니다. 일부 조종사들은 손수건으로 만든 작은 낙하산에 사탕과 초콜릿을 매달아 아이

▶ 소련에 의해 봉쇄된 서베를린에 미국을 중심으로 한 연합국이 식량과 물자를 공수하던 장면입니다. 아이들이 하늘을 올려다보는 모습은 냉전이 군사 대결만이 아니라 누가 사람들의 삶을 지킬 수 있는가를 겨룬 경쟁이기도 했음을 보여줍니다.

들에게 떨어뜨려주었는데, 사람들은 이들을 '캔디 폭격기'라고 불렀습니다.

"하하하, 자, 하늘에서 선물이 내린다. 받아라! 네가 탱크로 땅을 막아도, 우리의 돈(물자)은 막을 수 없어. 우린 클래스가 다르다고!"

소련은 하늘을 올려다보며 입맛을 다셨습니다.

"아오, 저 독한 놈들, 비행기로 도시 하나를 먹여 살리네. 기름값이 땅값보다 더 나오겠다. 에이, 더러워서 내가 비켜준다."

결국 소련은 1년 만에 슬그머니 봉쇄를 풀었습니다. 하지만 이제 세계는 두 명의 거대한 골목대장에 의해 완전히 두 동강이 났습니다. 총소리는 들리지 않지만, 언제 터질지 모르는 살얼음판 같은 차가운 전쟁이 시작된 것입니다.

이기지 못한 전쟁

차갑던 냉전이 뜨거운 불을 뿜은 곳은 아이러니하게도 한반도였습니다. 1950년 6월 25일, 소련과 중국의 지원을 받은 북한군이 탱크를 앞세워 남쪽으로 밀고 내려왔습니다. 한국은 밀리며 미국에게 도움을 요청했습니다.

미국은 깜짝 놀라 선글라스를 고쳐 썼습니다.

"아니, 감히 내 구역을 넘봐? 공산당이 태평양으로 내려오는 건 절대 안 되지!"

미국은 즉시 연합군을 이끌고 출동했습니다. 맥아더 장군의 인천상륙작전으로 전세를 역전시킨 미국은 의기양양했습니다.

"하하하, 봤냐? 이게 세계 최강 미군의 맛이다! 야, 짐 싸라. 전쟁 다 끝났다. 이번 크리스마스 파티는 집에서 보내자. 그전에 압록강 물로 모닝

커피나 한 잔?"

하지만 미국이 압록강 가까이까지 북진하던 순간, 소련이 중국을 떠밀었습니다.

"이보게 동무, 미군 놈들이 자네 코앞까지 왔는데 구경만 할 텐가? 입술이 없으면 이가 시린 법이야. 지금 나가서 본때를 보여주라고."

중국은 무거운 몸을 일으키며 고개를 끄덕였습니다.

"내 앞마당은 내가 지킨다. 다 쓸어버려!"

곧이어 캄캄한 산과 들판을 뒤덮는 소리가 들려왔습니다.

"피리리~ 꽹과랑~ 징~ 징~!"

미군은 소름이 끼쳐 주위를 둘러봤습니다.

"뭐야? 이 한밤중에 무슨 소리지?"

그것은 중공군의 공격 신호였습니다. 중공군은 엄청난 병력을 한꺼번에 투입하는 '인해전술'로 밀고 들어왔습니다. 개미 떼처럼 새까맣게 몰려오는 적군을 보고, 최첨단 무기로 무장한 미군도 기겁했습니다.

"맙소사, 저게 다 사람이야? 쏘아도 쏘아도 끝이 없잖아!"

"총알보다 사람이 더 많아. 탄창 갈 시간도 없다고. 젠장, 후퇴해! 이러다 다 죽어!"

개마고원의 칼바람은 상상을 초월했습니다. 영하 30도의 혹한에 미군의 장비가 얼어붙고, 차량과 무기가 제대로 작동하지 않는 일도 많았습니다. 제2차 세계대전 승리의 주역이라 자부하던 미군 병사들은 덜덜 떨며 절규했습니다.

"젠장, 나치도 때려잡은 우리인데 이깟 추위에 얼어 죽는다고? 총이 안 나가! 여기가 지옥이야!"

"통조림도 얼어서 돌덩이가 됐어. 집에 가고 싶어!"

3년 넘게 이어진 전쟁의 마지막은 38선 부근에서 서로 고지를 뺏고 빼앗기는 지루한 고지전으로 이어졌습니다.

"오늘 낮에 저 산 뺏었다! 어? 밤 되니까 또 기어올라오네? 뺏고 뺏기고, 이거 도대체 언제 끝나?"

지지부진한 전쟁에 피로감이 미국 안에서도 커졌습니다. 자존심이 상한 미국은 핵무기 사용 가능성을 검토하기도 했습니다.

"에이씨, 확 버튼 눌러버려? 일본 때처럼 핵 한 방이면 깔끔한데!"

하지만 그것은 소련과의 전면 핵전쟁으로 번질 위험이 너무 컸습니다. 미국은 입술을 깨물며 슬그머니 손을 거뒀습니다.

"으, 이러다 다 같이 죽을 순 없지. 참자."

결국 1953년 휴전협정이 체결되며, 한반도에는 휴전선이라는 선만 그어진 채 전쟁은 '멈춘 상태'가 되었습니다. 미국은 피멍 든 얼굴로 깨진 선글라스를 다시 쓰며, 짐짓 태연한 척했습니다.

"흠흠. 뭐, 비긴 걸로 하지. 내가 진 건 절대 아니고… 그냥 공산화 막았으면 됐지. (아오, 체면 구겨졌네.)"

한국전쟁은 독립 초기 이후 승승장구해오던 미국이 승리 도장을 못 찍고 멈춘 찝찝한 전쟁이었습니다.

하늘이 뚫렸다!

한국전쟁으로 땅에서는 체면을 구긴 미국. 그런데 그보다 먼저 하늘에서 더 큰 충격을 받았습니다. 1957년, 소련이 인류 최초의 인공위성 '스푸트니크 1호'를 쏘아 올린 것입니다. 밤하늘을 가로지르며 '삐-삐-' 신호음을 내는 작은 금속 공 때문에 미국 전역은 충격에 빠졌습니다.

"What? 공산당 기계가 내 머리 위를 날아다닌다고? 저기서 핵폭탄을 떨어뜨리면 우린 어떻게 되는 거야?"

이를 '스푸트니크 쇼크'라고 합니다. 미국은 그동안 자신들이 과학기술 세계 1등이라고 믿고 있었는데, 실제로는 소련이 먼저 우주에 나갔다는 사실에 큰 위협을 느낀 것입니다. 미국의 학교에서도 난리가 났습니다.

"우리가 수학, 과학을 소홀히 해서 뒤처진 거야!"

설상가상으로 1961년, 소련의 유리 가가린이 인류 최초로 우주 비행에 성공하고 돌아왔습니다.

"지구는 푸르더군요. 미국은 아직도 땅에 있나요?"

자존심에 큰 상처를 입은 미국은 스푸트니크 쇼크 직후 부랴부랴 NASA(미 항공우주국)를 만들고 막대한 예산을 쏟아부었습니다. 그리고 1961년, 케네디 대통령은 주먹을 불끈 쥐며 선언했습니다.

"두고 봐라. 1960년대가 가기 전에 우리가 먼저 달에 사람을 보낼 거다. 2등은 없다!"

지구 밖 우주 공간이 체제 경쟁의 새로운 최전선이 되었습니다. 그리고 이 우주 경쟁이 한창이던 1962년, 지구에서는 훨씬 더 위험한 사건이 터집니다.

▶ 지구를 벗어나 인간은 여기까지 왔다. 1969년, 인류 최초로 달에 착륙한 아폴로 11호 임무 중 남겨진 발자국입니다. 이 발자국은 미국이 이끈 과학기술 경쟁의 결과이자 냉전 시대의 상징이었습니다. 우주 개발은 '누가 더 강한가'를 겨루는 경쟁이었지만, 동시에 인류의 상상력을 지구 밖으로 확장시켰습니다.

지구가 터져버릴 뻔하다

우주 경쟁으로 신경이 곤두서 있던 1960년대 초, 이번에는 미국의 '앞마당'이 직접 위협받는 사건이 터졌습니다. 미국의 턱밑, 플로리다 바로 아래 있는 쿠바에서였습니다.

쿠바의 혁명가 카스트로는 소련과 가까워졌고, 소련은 쿠바에 중거리 핵미사일을 배치하려 했습니다.

"동무들, 여기다 미사일 좀 놓자. 워싱턴까지 5분이면 날아가는 아주 좋은 자리네."

첩보정찰기(U-2)가 찍어온 사진을 본 미국의 케네디 대통령은 얼굴이 사색이 되었습니다.

"야, 내 앞마당에다 핵미사일을 놔? 이건 선전포고잖아!"

미국은 해군을 동원해 쿠바 주변 해상을 봉쇄하고 경고했습니다.

"소련 배 돌려라. 선 넘으면 진짜 쏜다. 3차대전 각오해!"

전 세계는 숨조차 크게 쉬지 못하고 얼어붙었습니다. 미국과 소련, 두 거인이 서로에게 핵을 겨눈 채 손가락을 방아쇠 위에 올리고 노려보고 있었기 때문입니다. 지구가 멸망할 뻔했던 인류 역사상 가장 위험한 13일이었습니다.

"쏴봐. 쏘는 순간 너도 죽고 나도 죽는 거야. 같이 끝장나는 거라고."

"흥, 내가 겁먹을 줄 알고? 네가 먼저 손 떼."

식은땀이 쏟아지는 초긴장 상태. 결국 먼저 한발 물러선 것은 소련이었습니다. 소련은 떨리는 목소리로 제안했습니다.

"야, 잠깐만, 우리 이러다 진짜 다 죽겠다. 내가 뺄게. 내 미사일 뺀다고! 대신 조건이 있어."

미국도 내심 겁에 질려 있던 차라 귀가 솔깃했습니다.

"뭐, 뭔데? 말해봐."

"너희도 튀르키예에 있는 미사일 치워. 나도 불안해서 못 살겠으니까. 그리고 내 친구 쿠바, 절대 안 건드린다고 각서 써. 그럼 나도 짐 쌀게."

미국은 안도의 한숨을 내쉬며 흔쾌히 손을 잡았습니다.

"오케이, 콜! 거래 성사! (휴, 살았다.)"

양쪽 모두 뼈저리게 깨달은 것입니다.

"핵전쟁은 이기는 쪽이 따로 없다. 버튼을 누르는 순간, 너도 나도 잿더미가 된다. 공멸뿐이다."

그래서 그들은 직접 정면으로 싸우는 대신, 또다시 다른 지역을 '대리전'의 싸움터로 삼기 시작했습니다.

패배한 전쟁

그 만만한 싸움터가 바로 베트남이었습니다. 1954년 제네바협정 이후 베트남이 남과 북으로 갈라지자, 미국은 도미노이론을 내세우며 남베트남을 지키겠다고 나섰습니다.

"베트남이 넘어가면 라오스, 캄보디아, 태국까지 도미노처럼 줄줄이 공산화된다!"

처음에는 군사고문단과 군사·경제 지원으로 시작했지만, 이 전쟁은 점점 미국을 깊은 늪으로 끌고 들어갔습니다.

1964년 통킹만 사건을 계기로 미국은 베트남전쟁에 본격적으로 개입했습니다. 최신형 헬기, 전투기, 네이팜탄…. 미군은 압도적인 화력을 쏟아부었습니다.

"정글 촌놈들쯤이야. 금방 끝내줄 수 있어."

하지만 베트남의 정글은 악몽이었습니다. 적은 모습을 드러내지 않았습니다. 땅속 굴에서 적이 튀어나오고, 나무 위에서 총알이 날아왔습니다. 미군은 숲을 없애겠다며 고엽제까지 살포했지만, 저항은 더 거세졌습니다.

무엇보다 미국을 괴롭힌 건 '집 안의 여론'이었습니다. 컬러 TV가 보급

되면서 전쟁의 참혹한 장면이 미국 가정의 저녁 식탁으로 생중계되었습니다. 미군이 불타는 마을 옆에 서 있는 모습, 화상을 입고 울부짖는 아이들의 모습….

"우리가 정말 정의의 편이야? 저건 학살 아닌가?"

미국의 젊은이들은 거리로 쏟아져나와 반전시위를 벌였습니다. 권투 황제 무하마드 알리조차 "베트콩은 나를 흑인이라고 차별하지 않는다"며 징집을 거부했습니다.

1968년 설 연휴에 베트콩이 베트남 전역에서 동시다발적으로 공격을 감행하자, "전쟁이 곧 끝난다"던 정부의 말은 국민에게 더욱 거짓처럼 느껴졌습니다.

그 와중에도 미국은 '다른 전장'에서 승리를 보여주려 했습니다. 1969년 7월 20일 아폴로 11호가 달에 착륙했고, 닐 암스트롱이 달 표면에 첫 발자국을 남기며 성조기를 꽂는 장면이 전 세계로 중계되었습니다.

"봤냐? 봤어? 이게 자본주의의 기술력이고 돈의 힘이다! 소련은 이건 못 따라오지?"

하지만 우주에서는 앞섰지만, 지상에서는 상황이 달랐습니다. 전쟁은 미국 사회를 깊게 갈라놓았고, 국내외에서 압박을 받던 미국은 결국 1973년 파리 평화협정 이후 미군을 철수하기 시작했습니다. 미국은 "명예로운 철수"라고 말했지만, 1975년 사이공이 함락되는 장면은 전 세계가 지켜본 '무적 미군 신화'의 붕괴 순간이었습니다.

청바지와 로큰롤

총성 없는 전쟁, 냉전의 승패는 의외로 싱겁게 갈렸습니다. 핵미사일이 아니라 장바구니와 문화에서 갈린 것입니다.

일찍이 1959년, 미국의 닉슨 부통령과 소련의 흐루쇼프 서기장은 모스크바 박람회의 미국 가정집 부엌 세트장에서 설전을 벌였습니다.

"우리 소련은 우주를 정복했소!"

"그렇습니까? 하지만 우리 미국 주부들은 버튼 하나로 빨래를 하고, 컬러 TV를 봅니다. 당신들 가게에는 물건이 충분합니까?"

시간이 흐를수록 이 차이는 더 선명해졌습니다. 1980년대 미국은 다시 경제 호황을 누리며 화려한 쇼핑몰, 마이클 잭슨의 춤, 할리우드 영화, 록 음악으로 세계를 매혹했습니다. 반면 소련은 막대한 군비 지출 때문에 슈퍼마켓 진열장이 자주 텅 비었습니다. 빵 하나를 사려고 몇 시간을 줄 서야 하는 나라, 그것이 당시 공산주의 소련의 현실이었습니다.

'철의 장막' 틈새로 미국의 문화가 스며들었습니다. 국경 수비대를 피해 리바이스 청바지, 코카콜라, 록 음악 테이프, 할리우드 영화가 몰래 넘어

▶ 1959년 모스크바 박람회, 미국 가정집 부엌 세트장에서 벌어진 닉슨과 흐루쇼프의 논쟁 장면입니다. 소련이 우주 정복을 자랑할 때, 미국은 버튼 하나로 빨래하는 가전제품과 풍요로운 소비문화를 과시했습니다. 결국 냉전의 승패는 핵미사일이 아니라, 청바지와 콜라로 상징되는 미국의 소프트 파워에서 갈리게 됩니다.

▶ 1991년 크리스마스, 크렘린궁에서 붉은 소련 국기가 내려가고 러시아의 삼색기가 게양되었습니다. 50년 가까이 지구를 반으로 갈라놓았던 거대 제국 소련이 역사의 뒤안길로 사라지는 순간입니다. 이로써 미국은 냉전 시대 최후의 승자가 되었으며, 전 세계를 단일 달러 경제권으로 통합한 유일무이한 슈퍼파워로 우뚝 서게 되었습니다.

갔습니다. 소련 청년들은 콜라를 마시며 생각했습니다.

"캬, '미제'라 욕하지만, 왜 이렇게 맛있지? 우리는 미사일보다 청바지를 원해. 자유를 달라!"

이렇게 마음을 훔치는 문화, 즉 소프트 파워가 미국의 필살기였습니다.

결국 소련 내부에서부터 체제가 무너지기 시작했습니다. 고르바초프가 개혁·개방(페레스트로이카, 글라스노스트)을 시도했지만, 이미 갈라진 균열을 막기에는 늦었습니다. 1989년 베를린장벽이 무너졌고, 1991년 크리스마스에 소련 국기가 내려가면서 거대한 얼음제국은 역사 속으로 사라졌습니다.

미국은 승리의 포즈를 취했습니다.

"게임 오버! 총 한 방 안 쏘고 이겼다. 자본주의의 완벽한 승리다!"

40여 년 이어진 승부는 허무하게도 미국의 경제력과 문화의 승리로 마무리되었습니다. 이제 지구상에 미국을 막을 국가는 없어 보였습니다.

마스터 T가 고개를 끄덕이며 정리했습니다.

"결국 이긴 건 미사일이 아니라 욕망이었어. 사람들은 억압적인 이념보다 자유롭게 소비하고 즐기는 삶을 원했으니까. 미국은 그걸 정확히 공략한 거야. 문화라는 상품이 때로는 핵무기보다 강력하다는 걸 보여 준 셈이지. 네가 하는 K-컬처도 그런 힘을 가질 수 있다는 거, 명심해라."

하지만 왕관을 쓴 슈퍼히어로의 그림자 속에서 보이지 않는 새로운 적들이 꿈틀대고 있었습니다. 이번에는 국가가 아니라, 얼굴 없는 유령 같은 존재, 테러리스트들이었습니다.

8. 총성 없는 전쟁, 냉전 시대

여러분, 준비되셨나요? 그림 속에 미국의 파란만장한 역사가 숨어 있습니다! 마치 보물찾기를 하듯, 그림 구석구석에 숨겨진 역사적 순간들을 찾아 떠나볼까요?

눈을 크게 뜨고,
역사의 현장 속으로 다이빙!

미국과 소련, 두 거인이 세계를 반으로 나누어 대립합니다. 우주 경쟁부터 핵전쟁 위기까지, 아슬아슬했던 공포의 균형을 찾아보세요.
도시를 가로지르는 베를린장벽 너머로 비행기가 물자를 나르는 '베를린 공수 작전'은 어디에 있을까요?
성조기가 그려진, 우주를 향해 힘차게 발사되고 있는 거대한 로켓은 어디에 있나요?
소련의 상징인 낫과 망치가 부서지고, 사람들이 환호하며 베를린 장벽을 무너뜨리는 감격의 순간을 찾아보세요!
AM R

Cease-fire signed
❶ 냉전의 대리전: 미국과 소련은 핵전쟁 위험 때문에 정면충돌을 피했지만, 대신 한국과 베트남 같은 제3국의 전쟁과 내전에 개입하며 영향권을 넓히려 했습니다.
❷ 베를린 공수 작전: 제2차 세계대전 이후 베를린은 동서 진영이 맞붙는 최전선이 되었고, 1948년 소련이 서베를린으로 들어가는 길을 봉쇄하자 미국과 동맹국은 비행기로 식량·연료를 실어 나르는 작전으로 맞섰습니다.
❸ 쿠바 미사일 위기: 소련이 쿠바에 핵미사일 기지를 구축하려 하자 미국이 해상 봉쇄로 맞서며, 세계가 핵전쟁 직전까지 치달았던 냉전 시대 최대의 위기였습니다.
❹ 미·소 체제 경쟁: 미국(자유진영)과 소련(공산진영)은 군사력뿐 아니라 경제, 과학기술, 교육, 문화까지 모든 분야에서 체제의 우위를 겨뤘고, 우주 개발은 그 경쟁의 최전선이었습니다.

CCCP
❺ 냉전 종식: 1989년 베를린 장벽이 무너지고, 1991년 소련이 해체되면서, 동서로 갈라졌던 냉전 체제가 급격히 붕괴했습니다.
AM
R

반으로 갈라진 세상: 지도가 빨간색(소련/공산주의)과 파란색(미국/자유주의)으로 나뉘어 있고, 그 사이를 높은 벽이 막고 있습니다. 직접 싸우지는 않지만 서로 으르렁거리는 냉전 시대입니다.

우주로 간 경쟁: 서로 질 수 없다며 우주 경쟁도 치열했습니다. 미국은 거대한 로켓을 쏘고, 소련은 최초로 우주인(가가린)을 지구 궤도에 보내며 기술을 겨뤘죠.

무너진 장벽: 결국 승리는 미국이었습니다. 사람들이 베를린 장벽을 부수며 환호하고 있고, 소련을 상징하는 곰이 코카콜라를 마시고 있습니다. 공산주의가 무너지고 미국의 문화가 승리했습니다.

상처 입은 세계경찰

테러와의 전쟁과 금융위기

무너진 안방

2001년 9월 11일 아침, 뉴욕의 하늘은 눈이 시릴 만큼 파랗고 맑았습니다. 맨해튼의 상징인 세계무역센터 쌍둥이 빌딩이 아침 햇살을 받아 반짝이고 있었습니다.

냉전에서 승리하고 10년. 미국은 '팍스 아메리카나(미국에 의한 평화)'라는 달콤한 꿈에 취해 있었습니다. 미국은 다리를 꼬고 모닝커피를 마시며 여유를 부렸습니다.

"아, 날씨 좋다. 소련도 망했고, 주식은 오르고. 인터넷 기업들도 잘나가고. 세상은 이제 완전히 이 형님 손바닥 안이지. 누가 감히 나한테 덤비겠어?"

하지만 오전 8시 46분, 그 평화는 산산조각이 났습니다. 여객기 한 대가 북쪽 타워에 굉음을 내며 충돌한 것입니다.

"콰-아-앙!"

▶ 2001년 9·11 테러 이후 뉴욕 맨해튼 세계무역센터가 있었던 자리 모습입니다. 미국은 이 사건을 계기로 '안전하다고 믿었던 시대'와 결별했고, 테러와의 전쟁이라는 새로운 세계 질서 속으로 들어갔습니다.

미국이 커피를 쏟으며 당황하는 사이, 전 세계가 생중계로 지켜보는 가운데 두 번째 비행기가 남쪽 타워를 들이받았습니다. 뉴스 앵커의 다급한 목소리가 울려 퍼졌습니다.

"이것은 사고가 아닙니다. 공격입니다! 미국이 공격당하고 있습니다!"

거대한 빌딩이 무너져내리고, 먼지를 뒤집어쓴 사람들은 비명을 지르며 도망쳤습니다. 붉은 성조기 점퍼를 입은 미국의 얼굴이 하얗게 질렸습니다. 진주만 공습 이후 처음으로, 아니 역사상 처음으로 본토의 심장부가 외국 군대도 아닌 테러 단체에 의해 처참히 공격당한 것입니다. '미국 본토는 안전하다'라는 신화가 무너진 날이었습니다.

폐허가 된 테러 현장에서 미국은 주먹을 부르르 떨며 눈물을 흘렸습니다.

"용서 못해! 지구 끝까지 쫓아가서라도 책임을 묻고 말 거야."

부시 대통령은 확성기를 들고 전 세계를 향해 외쳤습니다.

"우리 편에 설 것인가, 테러리스트 편에 설 것인가? 중간은 없다."

끝이 없는 늪

범인은 곧 지목되었습니다. 아프가니스탄의 산악과 동굴에 몸을 숨긴 오사마 빈 라덴과 그의 테러조직 알카에다였습니다.

분노한 미국은 눈에 핏발을 세우고 소리쳤습니다.

"네놈이냐? 감히 내 안방에 불을 질러? 지구 끝까지 쫓아가서 지옥 맛을 보여주마. 다 죽었어!"

미국은 최첨단 무기를 앞세우고 아프가니스탄을 공격했습니다. 그렇게 '테러와의 전쟁'이 시작되었습니다.

탈레반 정권은 미국의 압도적인 화력 앞에 빠르게 무너졌습니다. 미국은 먼지를 털며 비웃었습니다.

"봤냐? 덤비더니 꼴좋다. 내 주먹 한 방이면 다 정리되는걸. 야, 빈 라덴만 수갑 채워서 빨리 집에 가자."

하지만 빈 라덴은 연기처럼 사라졌습니다. 미군들이 첨단 장비를 동원해 험준한 산악지대와 수많은 동굴을 샅샅이 뒤졌지만, 빈손으로 돌아오는 일이 반복되었습니다.

"어, 분명 방금까지 여기 있었는데, 어디 간 거야? 레이더에도 안 잡혀. 땅으로 꺼졌나?"

보이지 않는 적은 바위 틈과 모래바람 속에 숨어서 미군을 노렸습니다.

"탕!"

"으악! 또 어디야? 저격수다! 보이질 않으니 싸우기도 힘들어. 귀신이랑 싸우는 기분이야!"

빈 라덴을 못 잡아 초조해진 미국은 곧 다른 표적을 향해 눈을 돌렸습니다. 바로 이라크의 독재자, 사담 후세인이었습니다.

"야, 이라크, 너 이리 와봐. 너, 뭔가 숨기고 있지? 대량살상무기(WMD) 말이야. 우리한테 쏘려고 핵이나 화학무기 숨겨둔 거 아니야? 딱 걸렸어!"

프랑스와 독일 같은 동맹국들은 어이없다는 표정으로 말렸습니다.

"워워, 진정해 카우보이. 확실해? 증거 있어? 우리가 보기엔 아무것도 없는데? 솔직히 말해봐. 너 쟤네 집 앞마당에 묻힌 석유 냄새 맡고 그러는 거지?"

미국은 얼굴을 붉히며 버럭 화를 냈습니다.

"시끄러워, 감히 내 정보력을 의심해? 저놈은 '악의 축'이라고!"

2003년, 미국은 유엔 안보리의 승인을 얻지 못한 채 '이라크가 WMD를 보유하고 있고 알카에다와 연계되어 있다'는 주장을 내세워 이라크를 침공했습니다. 압도적인 화력 앞에 후세인 정권은 무너졌습니다. 미국은 항공모함 위에 '임무 완수!'라는 현수막을 걸고 샴페인을 터뜨렸습니다.

"하하하, 봤지? 이게 바로 나야. 깔끔하게 정리 끝! 자, 이제 숨겨둔 무기만 찾으면 되는데, 어라? 왜 아무것도 안 나오지?"

그러나 전쟁이 끝난 줄 알았던 그곳에서 진짜 지옥이 시작되었습니다. 미국이 주장하던 대량살상무기는 끝내 발견되지 않았습니다. 명분이 사라진 전쟁터인 이라크 골목마다 급조폭발물(IED)이 터지고 자살폭탄 공격이 이어졌습니다. 민간인인 줄 알았던 사람이 폭탄조끼를 입고 달려들었습니다.

미국은 진흙탕에 빠진 거인처럼 발을 빼려 할수록 더 깊은 수렁으로 빠져들었습니다. 전쟁비용으로 매일 수십억 달러가 사라졌고, 인명 피해도 눈덩이처럼 불어났습니다. 미국 내 여론도 싸늘해졌고, 시위대가 외쳤습니다.

"대량살상무기가 있다더니, 없잖아! 명분 없는 전쟁을 당장 멈춰라!"

"내 아들을 돌려내라! 석유 때문에 우리 아이들을 죽게 하지 마라!"

피투성이가 된 미국은 머리를 감싸쥐며 억울하다는 듯 말했습니다.

"야, 내가 독재자를 없애준 건데 왜 고마워하지 않는 거야? 왜 꽃다발 대신 돌멩이를 던지냐고!"

하지만 이라크 사람들의 대답은 차가웠습니다.

"누가 도와 달랬어? 총 들고 와서 강제로 주는 게 선물이냐? 우리 눈엔 너도 외국 침

▶ 2003년 이라크 침공 후, 바그다드 광장에 세워진 사담 후세인의 동상이 철거되고 있습니다. 미국은 '대량살상무기 제거'를 명분으로 내세웠으나 무기는 끝내 발견되지 않았고, 전쟁은 명분 없는 늪이 되어버렸습니다. 민주주의는 미사일로 배달될 수 없다는 뼈아픈 교훈을 남긴 채, 세계경찰 미국의 권위는 큰 상처를 입었습니다.

략자일 뿐이야. 나가!"

민주주의는 미사일과 탱크에 실어 보내는 물건이 아니었습니다. 미국은 힘이 있었지만, 이라크 사람들의 마음은 얻지 못했습니다.

내부의 적, 월스트리트의 탐욕

해외에서 피를 흘리며 돈을 쏟아붓는 동안, 미국의 심장부 뉴욕 월스트리트에서는 샴페인이 터지고 있었습니다. 금융가들은 전쟁 따위는 남의 일이라는 듯 파티를 벌였습니다.

"돈놀이나 하자!"

그들은 돈을 더 많이 벌기 위해 위험한 도박을 시작했습니다. 바로 '서브프라임 모기지(비우량 주택담보대출)'였습니다. 상환 능력이 부족한 사람들에게까지 무리하게 주택담보대출을 내준 것입니다.

"집값은 계속 오를 테니까 일단 빌려가세요!"

탐욕이 빚어낸 거대한 거품이었습니다. 금융기관들은 이런 위험한 대출을 복잡한 금융상품으로 포장해 전 세계에 팔았습니다.

2007~2008년, 결국 거품이 터졌습니다. 집값이 폭락하면서 빚을 갚지 못한 사람들이 속출했고, 미국과 세계의 금융 시스템은 흔들리기 시작했습니다. 2008년 9월, 미국 4대 투자은행 중 하나였던 리먼브라더스가 파산 보호를 신청하며 무너졌고, 이는 글로벌 금융위기의 상징이 되었습니다.

월스트리트의 금융가들은 위기가 터지자 007 가방을 들고 정부를 찾아가 바짓가랑이를 붙잡았습니다.

"형님, 살려주세요! 우리 무너지면 미국 경제 전체가 심장마비 오는 거 아시죠? 우리 너무 커서 망하면 안 돼요. 알죠? 대마불사!"

미국 정부는 기가 막혀 뒷목을 잡았습니다.

“뭐라고? 돈 잔치할 땐 나 몰라라 하더니, 빚더미에 앉으니까 국민 세금으로 메워달라고? 양심은 있냐?”

“아, 몰라요! 우리 쓰러지면 다 같이 무너진다니까요. 빨리 산소호흡기(구제금융) 준비해줘요!”

미국 경제는 실제로 심각한 위기에 빠졌습니다. 실업률이 치솟고 기업과 은행들이 위태롭게 흔들렸습니다.

“으윽, 밖에서 전쟁하느라 돈 다 썼는데, 믿었던 내 뱃속(월가)에서 폭탄이 터지다니. 아이고, 혈압이야!”

미국 정부는 ‘양적 완화’라는 극약 처방을 썼습니다.

“당장 달러를 대량으로 풀어라! 일단 금융 시스템부터 살리고 보자.”

미국은 달러를 대규모로 공급하며 겨우 숨을 돌렸지만, 그 충격파는 전 세계로 퍼졌습니다. 미국이 기침을 한 번 하자, 한국·유럽·일본 등 세계 곳곳이 몸살을 앓았습니다.

“으악! 미국 형님이 감기 걸리니까 우린 독감 걸려 죽겠네. 내 주식! 내 환율! 왜 사고는 거기서 치고, 후폭풍은 우리가 맞아?”

미국 정부는 국민 세금으로 위기에 빠진 금융기관들을 구제했습니다. 하지만 정작 집을 잃고 길거리로 나앉은 서민들에게는 충분한 도움이 가지 못했습니다.

“저기요, 우리 집은요? 대출금 못 갚아서 쫓겨났는데 우리는 안 도와줘요?”

“아, 당신들은 대마불사가 아니잖아. 알아서 살아남아요. 자본주의는 냉정한 거야.”

더 기가 막힌 건 그다음이었습니다. 나랏돈으로 겨우 살아난 일부 금융회사들이 서로의 어깨를 두드리며 다시 샴페인을 터뜨렸습니다.

"휴, 살았다! 역시 정부는 우리를 버리지 못해. 자, 위기도 넘겼으니 보너스 잔치나 하자. 올해도 수고했어, 스미스 상무!"

분노한 미국 시민들이 거리로 쏟아져나왔습니다.

"야, 이 도둑놈들아, 내 세금 내놔! 우리가 낸 돈으로 보너스를 챙겨? 양심이 있냐?"

성난 군중의 함성은 월스트리트 빌딩 숲을 뒤흔들었습니다.

"월가를 점령하라(Occupy Wall Street)!"

"우리는 99%다! 탐욕스러운 1% 돼지들을 끌어내려라!"

미국인들은 그제야 뒤통수를 맞은 듯 깨달았습니다.

"잠깐만, 우리가 여태껏 사막에 숨은 테러리스트만 적이라고 생각했잖아. 그런데 진짜 내 돈을 빼 가는 세력은 따로 있었네. 넥타이 매고 웃고 있는 저 금융 사기꾼들이 진짜 적이었어!"

마스터 T가 차트 하나를 띄우며 경고했습니다.

"잘 봐라. 이게 금융 자본주의의 민낯이야. 이익은 자기들이 챙기고, 손실은 국민 세금으로 떠넘기는 기막힌 사기극이지. 미국이라는 거대한 주식회사가 흔들린 건 빈 라덴 때문만이 아니라, 내부의 탐욕과 위험한 금융공학 때문이었어."

호랑이 없는 굴의 판다

미국이 테러와의 전쟁과 금융위기로 비틀거리는 동안, 조용히 웃고 있는 나라가 있었습니다. 바로 중국입니다.

2001년 미국이 전쟁하러 떠날 때, 중국은 귀여운 판다처럼 말했습니다.

"형님, 전 집에서 물건이나 만들게요. 셰셰."

미국은 중국을 세계무역기구(WTO)에 받아들이며 값싼 노동력을 가진

하청공장 정도로 생각했습니다.

하지만 미국이 전쟁터에서 돈을 쏟아붓는 동안, 중국은 미국과 세계에 티셔츠·장난감·전자제품을 팔아 번 돈으로 공장을 짓고 기술을 배웠습니다. 2008년 베이징 올림픽에서 중국은 거대한 용처럼 솟아올랐습니다. 이제 재봉틀을 돌리던 판다가 아니었습니다. 양복을 입고 돈주머니를 찬 거인으로 성장해 있었지요.

2009년, 금융위기 여파로 병실에 누워 있는 미국에게 중국이 문병을 왔습니다. 손에는 '미국 국채(미국 정부가 발행한 빚 문서)'가 들려 있었습니다.

"형님, 돈 필요하시죠? 제가 형님이 발행한 빚을 사 드릴게요. 대신 이자 꼬박꼬박 주세요."

미국은 자존심이 상했지만, 돈이 급해 고개를 끄덕일 수밖에 없었습니다.

"고맙다… 근데 너, 눈빛이 좀 건방져졌다?"

세계는 "이제 미국과 중국, G2의 시대가 왔다"고 말하기 시작했습니다. 오바마 대통령은 뒤늦게 "아시아로 회귀(Pivot to Asia)"를 외치며 중국을 견제하고 동아시아에 더 깊이 관여하려 했지만, 이미 중국은 너무 커버렸고 미국은 여러 전쟁과 위기로 지쳐 있었습니다.

세계경찰 안 해!

2009년, "우리는 할 수 있다(Yes, We Can)!"를 외치며 미국 최초의 흑인 대통령 오바마가 등장했습니다. 미국인들은 미국이 다시 도덕성과 책임감을 가진 나라로 돌아갈 수 있다는 희망을 품었습니다.

2011년, 마침내 미 해군 특수부대 '네이비 실'이 파키스탄에서 오사마 빈 라덴을 찾아 사살했습니다.

"드디어… 10년 넘게 쫓아온 복수 끝!"

하지만 현실은 기대만큼 깔끔하지 않았습니다. 미군이 단계적으로 철수하자, 이라크와 시리아에서는 'IS(이슬람국가)'라는 더 잔혹한 무장단체가 등장해 참수 영상과 테러로 세계를 충격에 빠뜨렸습니다.

"아, 잡아도 잡아도 끝이 없네. 이건 밑 빠진 독에 물 붓기야."

결국 지칠 대로 지친 슈퍼히어로는 파업을 선언합니다.

"미국은 더 이상 세계의 경찰이 아닙니다. 이제 모든 분쟁에 군대를 보내서 해결하려 하진 않겠습니다."

세계경찰 미국이 곤봉을 내려놓자, 세계는 더 복잡해졌습니다. 러시아는 우크라이나의 크림반도를 합병했고, 중국은 남중국해에 인공섬과 군사 기지를 만들며 영향력을 넓혔습니다.

하지만 더 큰 문제는 미국 내부에 있었습니다. 세계를 향하던 시선이 안으로 돌아오자, 미국 안에서는 이미 또 다른 폭풍이 자라고 있었습니다. 전쟁 비용과 금융위기의 후폭풍 속에서 공장을 잃은 도시, 가난해진 노동자들, 흔들리는 중산층의 삶이 '분노'라는 이름의 화약고로 변해가고 있었던 것입니다.

9. 흔들리는 슈퍼파워, 새로운 위기들

여러분, 준비되셨나요? 그림 속에 미국의 파란만장한 역사가 숨어 있습니다! 마치 보물찾기를 하듯, 그림 구석구석에 숨겨진 역사적 순간들을 찾아 떠나볼까요?

눈을 크게 뜨고,
역사의 현장 속으로 다이빙!

연기를 내뿜으며 불타고 있는 뉴욕의 쌍둥이 빌딩(9.11 테러)은 어디에 있을까요?
주식 그래프가 곤두박질치는 월스트리트 금융 위기의 현장을 찾아보세요.
세계경찰을 그만두고 돌아서 가는 엉클 샘은 어디에 있나요?

❷ 테러와의 전쟁: 9.11 테러에 대한 보복으로 미국은 아프가니스탄전쟁과 이라크전쟁을 시작합니다.
❶ 9.11 테러: 알카에다 테러리스트들이 항공기를 납치해 뉴욕 세계무역센터(쌍둥이 빌딩)에 자살테러를 감행합니다.
❺ 세계경찰의 피로감: 냉전 이후 미국은 분쟁지역에 개입하며 국제질서를 관리하려 했지만, 전쟁이 장기화될수록 군사 비용과 인명 피해가 누적되어 국내 여론이 악화되었습니다.
SHERIFF

❹ 중국의 부상: '세계의 공장'으로 경제대국이 된 중국은 2008년 글로벌 금융위기 때 세계경제의 급락을 완화하는 역할을 합니다.
❸ 2008년 세계 금융 위기: 미국의 서브프라임 모기지 부실 사태에서 촉발된 금융 대란 및 경기 침체는 전 세계로 확산됩니다.
OCCUPY STREET
GLOBAL

무너지는 빌딩: 연기를 내뿜으며 불타는 쌍둥이 빌딩은 전 세계를 충격에 빠뜨린 9.11 테러입니다. 화가 난 미국은 곧바로 테러와의 전쟁을 시작했죠..

화난 사람들: 월스트리트 황소상 앞에 텐트가 쳐져 있습니다. 금융위기 이후 불평등이 심해지자 시민들은 "위기의 대가는 왜 우리만 치르나, 이익은 왜 소수만 가져가나?"라고 외치며 시위를 벌였습니다.

중국의 힘: 거대한 용(중국)이 입에서 금화와 물건을 콸콸 쏟아내고 있습니다. 엄청난 경제성장을 이룬 중국이 2008년 금융위기로 전 세계가 휘청거릴 때 시장을 안정시키며 자신의 힘을 보여줍니다.

10

장사꾼이 된 히어로

아메리카 퍼스트와 신냉전

TARIFF
CHIP
CHIP

이제 정부는 빠져!

이야기는 잠시 시계를 뒤로 돌려 1980년대로 갑니다. 당시 미국은 레이건 대통령 시대였습니다. 미국은 소련과의 경쟁에서 이기기 위해 근육을 키우려 했습니다. 그래서 선택한 운동법이 바로 '신자유주의'였습니다.

미국은 기업들에 이렇게 말했습니다.

"야, 그동안 세금 내고 규칙 지키느라 힘들었지? 이제 규제도 풀어줄게, 세금도 깎아줄게. 너희 마음껏 돈 벌어봐! 정부는 한발 물러설 테니(규제 완화, 감세), 대신 너희가 돈 많이 벌어서 아래로 좀 흘려줘(낙수 효과)!"

기업들은 환호했습니다.

"와우, 역시 자유의 나라! 이제 우리 세상이다!"

마스터 T가 차트를 보여주며 시니컬하게 말합니다.

"이론은 그럴싸했어. 경쟁을 통해 효율성을 높이자는 거였지. 능력 있는 사람은 더 부자가 되고, 기업은 덩치를 키웠어. 하지만 그 과정에서 약자를 지켜주는 안전벨트는 슬그머니 사라졌지. 차는 빨라졌지만, 사고 나면 크게 다치는 구조가 된 거야."

짐 싸! 더 싼 곳으로 간다

자유를 얻은 미국 기업들은 계산기를 두드렸습니다.

"미국 노동자에게 월급 300만 원 주고 운동화 만들기 VS 중국이나 베트남 노동자한테 30만 원 주고 만들기. 답 나왔네!"

기업들은 뒤도 돌아보지 않고 미국 내 공장 문을 닫았습니다.

"미안해, 존. 너는 오늘부로 해고야. 내일부터 안 나와도 돼."

"네? 30년 동안 일했는데 이렇게 해고라고요? 공장도 멀쩡히 돌아가는데 왜요? 저는 이제 뭘 먹고 살라고…"

"어쩔 수 없어. 이게 다 효율성을 위한 거야. 우리가 중국 가서 물건 싸게 만들어올 테니까, 너도 마트 가서 싼값에 운동화 사 신으면 되잖아. 그게 이득 아니야? 굿 럭!"

거대한 공장들이 뜯겨나가 바다 건너 아시아로 이전했습니다. 디트로이트의 자동차 공장, 피츠버그의 제철소가 문을 닫았습니다. 기계가 멈춘 공장은 붉게 녹슬어갔고, 사람들은 이 지역을 '러스트 벨트(Rust Belt, 녹슨 지대)'라고 부르기 시작했습니다.

"그럼 해고된 사람들은 어떻게 살아요?"

한국이 눈을 크게 뜨고 묻자, 명품 정장을 입고 월스트리트에서 주가 그래프를 보던 미국이 심드렁하게 대답합니다.

"알아서 해야지. 햄버거 가게 알바를 하든가, 주식을 하든가. 시대가 바뀌었는데 언제까지 기름때 묻히고 살 거야? 이제 미국은 금융과 서비스로 돈 버는 나라야!"

월스트리트의 샴페인, 러스트 벨트의 눈물

미국의 선택은 겉보기에 성공한 듯했습니다. 마트에 쌓인 값싼 수입품 덕분에 물가 걱정은 줄었고, 월스트리트 금융가들은 '돈으로 돈 버는' 금융거래로 천문학적인 수익을 올렸습니다. 뉴욕의 고층 빌딩에서는 매일 밤 샴페인 파티가 열렸습니다.

"야, 물가 안 오르는 거 봐. 중국산 덕분이야. 우린 골치 아프게 공장 돌릴 필요 없어. 금융이 최고라고. 건배!"

하지만 그사이 미국의 허리는 부러지고 있었습니다. 성실하게 공장에

▶ 뉴욕 금융가의 상징인 월스트리트 황소상은 '시장은 언제나 승리한다'는 신자유주의의 신조를 상징합니다. 하지만 2008년 금융위기 당시, 이 황소 뒤편의 탐욕은 세계경제를 심정지 상태로 몰아넣었습니다. 시민들은 "우리는 99%다"라고 외치며 거리로 쏟아져나왔고, 화려한 금융 자본주의 이면에 가려진 빈부격차의 민낯이 드러났습니다.

서 나사를 조이고 물건을 만들던 중산층 가장들은 하루아침에 일자리를 잃었습니다.

"어제까지 멀쩡히 돌아가던 기계가 멈췄어. 사장님이 공장 문 닫고 베트남으로 간대. 나 이제 어디 가서 일해? 우리 애들 학비는?"

그들이 살던 마을은 순식간에 유령도시가 되었습니다. 공장 굴뚝엔 연기가 끊겼고, 상점들은 셔터를 내렸습니다. 희망을 잃은 사람들 중 일부는 술과 마약에 의지하기 시작했습니다.

"이 마을은 끝났어. 젊은이들은 떠났고, 남은 사람들은 약에 취해 좀비처럼 걸어다니잖아."

참다못한 사람들이 피켓을 들고 거리로 뛰쳐나와 울분을 토했습니다.

"아무리 죽어라 일해도 가난해지는 게 말이 돼? 내 땀방울은 배신당했다고!"

"정부는 부자들 세금 깎아주는 데만 정신 팔려 있고, 우리 같은 서민은 거들떠보지도 않아. 우린 버려진 거야!"

마스터 T가 씁쓸하게 덧붙입니다.

"이게 바로 '세계화'의 그림자야. 나라 전체 통계로 보면 더 부자가 됐는데, 그 부의 대부분을 상위 1%가 가져갔지. 나머지 99%는 오히려 살기가 더 팍팍해졌어. 마음속에 거대한 화약고가 쌓이고 있었던 거야. 누군가 성냥불만 던지면 바로 터질 준비가 된 거지."

폭발의 스위치를 누른 남자

시간이 흘러 2016년. 사람들의 분노가 한계에 다다랐을 때, 혜성처럼 등장한 인물이 도널드 트럼프였습니다.

기존 정치인들이 "미국은 잘나가고 있습니다. 세계 평화를 지켜야 합니다"라고 말할 때, 트럼프는 러스트 벨트의 녹슨 공장 앞으로 달려갔습니다. 그리고 노동자들의 눈을 똑바로 바라보며 그들이 가장 듣고 싶었던 말을 거침없이 쏟아냈습니다.

"여러분이 가난해진 건 여러분 탓이 아닙니다."

트럼프는 손가락으로 밖을 가리켰습니다.

"저 중국이 일자리를 훔쳐갔기 때문입니다! 멕시코에서 온 불법 이민자들이 여러분의 밥그릇을 뺏었기 때문입니다! 그리고 멍청한 정치인들이 세계경찰 노릇 하느라 여러분의 세금을 해외에 뿌렸기 때문입니다!"

노동자들은 귀가 번쩍 뜨였습니다.

"맞아, 내 탓이 아니었어. 저 중국과 이민자들 때문이었어!"

트럼프는 빨간 모자를 흔들며 외쳤습니다.

"나를 뽑아주십시오. 공장을 다시 미국으로 가져오겠습니다! 잊힌 여러분을 다시 주인공으로 만들어주겠습니다!"

그동안 민주당도, 공화당 주류도 크게 신경 쓰지 않았던 화난 백인 블루칼라 유권자들의 표심이 폭발했습니다.

"저런 막말하는 장사꾼이 대통령이 되겠어?"

엘리트들이 비웃을 때, 러스트 벨트의 분노는 트럼프를 백악관으로 밀어올렸습니다.

"아, 그러니까 트럼프 형님이 그냥 나온 게 아니군요. '신자유주의'라는 운동을 너무 심하게 하다가 근육이 파열되니까, 그 통증 때문에 탄생한 거네요."

한국이 고개를 끄덕이며 말하자, 마스터 T가 손가락을 튕기며 정리합니다.

"정확해. 제조업의 붕괴와 극심한 불평등. 그 상처 난 자존심을 건드린 게 트럼프의 승리 비결이었지. 결국 경제가 정치를 만든다는 걸 보여준 사례야. 배가 고프면 이념이고 뭐고 필요없고, '당장 누가 먹여 살려 주느냐'가 더 중요해지는 법이거든."

호구 짓은 이제 끝났다

2017년 1월, 미국의 수도 워싱턴 D.C. 대통령 취임식장. 화난 백인 노동자들의 분노 에너지를 등에 업고 단상에 오른 트럼프는 우리가 알던 캡

틴 아메리카 같은 영웅의 얼굴이 아니었습니다.

그는 세계경찰의 제복을 벗어 던지듯 선언했습니다.

"지구를 지키는 '호구 짓'은 이제 끝!"

이제부터 미국의 기준은 하나였습니다. '손해 보지 않는 장사.'

세계 각국은 당황했습니다.

"형님, 왜 그러세요? 우리가 알던 정의의 미국 맞아요?"

하지만 미국의 러스트 벨트에서 일자리를 잃고 분노하던 유권자들은 환호했습니다. 그들에게는 세계 평화보다 당장 가족의 생계가 더 급했으니까요.

'미국을 다시 위대하게(MAGA, Make America Great Again)'라고 적힌 빨간 모자를 쓴 미국은 회사의 사훈을 바꿨습니다. 바로 '미국 우선주의(America First).'

"내 물건을 사주는 나라는 손님이고, 내 돈을 빼앗아가는 나라는 적이다. 예외는 없다."

너, 해고야!

비즈니스맨이 된 미국은 계산기를 들고 동맹국들을 찾아갔습니다. 먼저 나토(NATO) 회의장으로 가서 유럽 정상들을 몰아붙였습니다.

"야, 독일, 프랑스! 너네 왜 방위비 제대로 안 내? 우리가 너희 공짜 보디가드야? 돈 안 낼 거면 각자 알아서 지키든가."

불똥은 한국과 일본에도 튀었습니다. 미국은 주한미군과 주일미군 주둔 비용 인상을 요구하며 계산기를 들이밀었습니다.

"너희도 마찬가지야. 미군 쓰고 싶으면, 그만큼 비용을 내야지. 더 올려."

한국은 식은땀을 흘리며 말했습니다.

"한 번에 몇 배씩 올리는 건 좀 심하잖아요. 우리도 같이 피 흘리며 싸운 동맹인데…"

하지만 미국의 대답은 차가웠습니다.

"세상에 공짜 점심은 없다(There is no free lunch)."

이제 미국에 동맹은 '가치'로만 묶인 친구가 아니라, 냉정한 비즈니스 파트너일 뿐이었습니다. '혈맹'이라는 말보다, 당장 얼마를 내는지가 더 중요한 시대가 된 것입니다.

총성 없는 전쟁

동맹에게 돈을 더 내라고 요구한 미국은, 곧바로 진짜 경쟁자로 눈을 돌렸습니다. 태평양 건너 거대한 덩치로 성장한 '사이보그 판다', 중국이었습니다.

"야, 곰탱이. 너 그동안 내 기술 훔치고 짝퉁 팔아서 돈 많이 벌었지?"

중국은 능청스럽게 웃으며 대꾸했습니다.

"훔치다니요. 정당하게 배운 거죠. 이제 '제조 2025' 같은 계획으로 우리가 세계 1등 해볼 겁니다."

화가 난 미국은 중국산 물건에 '관세 25%'라는 세금을 매기며 무역전쟁을 시작했습니다. 중국산 제품 가격이 미국 시장에서 확 뛰게 만든 것이죠. 그러자 중국도 맞불을 놓았습니다.

"흥, 우리도 미국 농산물 덜 사 줄 거야. 너희 농부들 힘들어질 걸?"

싸움은 단순한 무역을 넘어 기술 전쟁으로 번졌습니다. 미국은 중국의 통신장비회사 화웨이(Huawei)가 안보 위협이 될 수 있다고 주장하며, 미국 통신망에서 배제하고 동맹국에도 사용 자제를 압박했습니다.

"증거 있어? 기술력 달리니까 트집 잡는 거 아니야?"

중국이 반발했지만, 미국은 화웨이와 관련 기업들을 블랙리스트에 올리고, 최첨단 반도체 공급을 막기 위해 동맹과 파트너를 설득하고 제재망을 촘촘히 엮어갔습니다.

21세기의 석유, 반도체를 사수하라

미국은 깨달았습니다. 미래의 패권은 석유만이 아니라 반도체에 달려 있다는 것을. 미사일, 스마트폰, 클라우드, 인공지능(AI)까지, 반도체 없이는 어느 것 하나 제대로 작동하지 않기 때문입니다.

미국은 한국·대만·일본 등을 향해 '칩4(Chip 4)' 협력을 제안했습니다. 사실상 "중국에 최첨단 반도체 기술과 장비를 넘기지 말자"라는 압박에 가까웠습니다.

"지금부터 최첨단 기술을 중국에 팔면 미국과의 거래에서 큰 불이익을 받을 수 있어."

한국은 난처해졌습니다.

"중국이 우리 반도체를 제일 많이 사주는 고객인데, 완전히 안 팔라면 우리도 위험해지는데요…."

하지만 미국의 태도는 단호했습니다.

불편해진 중국은 '반도체 굴기'를 외치며 자국 반도체 산업에 천문학적인 투자를 쏟아붓기 시작했습니다.

"그래? 그럼 우리끼리 만들 거야!"

총소리는 나지 않지만, 서로의 목줄을 겨누는 기술·산업 전쟁이 시작된 것입니다.

가면 쓴 아메리카 퍼스트

2021년, 트럼프가 물러나고 부드러운 인상의 바이든이 대통령이 되었습니다. 그는 선글라스를 끼고 미소 지으며 선언했습니다.

"미국이 돌아왔다!"

세계는 안도했습니다.

"휴, 이제 좀 말이 통하는 신사가 왔네."

하지만 안심하기엔 일렀습니다. 바이든은 트럼프가 중국에 매겼던 상당수 관세를 곧바로 없애지 않았습니다. 오히려 동맹들과 손을 잡고 더 정교하게 중국을 견제하는 전략으로 방향을 틀었습니다.

"혼자 압박하는 것보다, 동맹과 함께 때리는 게 더 아프지."

심지어 '인플레이션 감축법(IRA)'을 통과시키며, 전기차·배터리 산업에서 한국과 유럽의 뒤통수를 쳤습니다.

"전기차 보조금 받고 싶어? 그럼 미국 땅에 공장 지어. 중국산 부품 비중이 높으면 보조금 안 줘."

한국과 유럽이 배신감을 토로해도 미국은 어깨를 으쓱할 뿐이었습니다. 대통령이 누구든, 이제 "Made in America", 자국의 이익이 최우선이었으니까요.

가치동맹의 민낯

미국의 이중적인 모습이 가장 적나라하게 드러난 곳은 경제가 아니라 전쟁터였습니다. 그 대표적인 사례가 이스라엘의 팔레스타인 가자 지구 공격에 대한 태도입니다. 뉴스를 보던 한국이 참다못해 조심스럽게 물었습니다.

"형님, 솔직히 이건 너무한 거 아니에요? 뉴스 좀 보세요. 가자 지구 병원이랑 학교가 폭격 맞아서 민간인이 떼죽음을 당하고 있잖아요. 전 세계가 말리고 욕하는데, 왜 형님만 이스라엘 편을 들어요? 평소엔 인권이니 평화니 노래를 부르더니, 이거 완전 내로남불 아닙니까?"

미국은 곤란한 표정으로 주위를 두리번거리다 한국을 구석으로 끌고 가더니, 선글라스를 고쳐 쓰며 목소리를 쫙 깔았습니다.

"쉿, 목소리 낮춰. 너 내가 욕먹는 거 좋아서 이러는 줄 아냐?"

미국은 지도를 펼쳐 중동 지역을 가리키며 속삭였습니다.

"잘 들어, 동생. 나한테 이스라엘은 그냥 '한 나라'가 나라가 아니야. 석유 나오고 분쟁 많은 이 동네 한가운데 떠 있는, 절대 침몰하지 않는 내 항공모함 같은 존재지."

미국에게 이스라엘은 석유와 지정학이 얽힌 중동 지역에서 자신의 영향력을 지켜주는 가장 중요한 거점입니다.

"내가 저기다 깃발 안 꽂아두면 중동 전체가 누구한테 넘어가겠어? 내 밥줄(석유 패권)을 지키려면 욕을 바가지로 먹더라도 저 항공모함은 무조건 지켜야 해. 그게 냉혹한 현실이야."

미국은 한숨을 쉬며 덧붙였습니다.

"게다가 우리 집(미국 정치) 사정도 좀 복잡해. 선거 치르려면 누구한테 손 벌려야 하는지 알지?"

마스터 T가 끼어들며 한마디를 보탭니다.

"속사정은 더 노골적이지. 미국 정치판을 쥐락펴락하는 유대인 로비 단체의 돈과 표를 무시할 수 있는 대통령은 없거든. 우크라이나를 침공한 러시아는 강하게 비판하면서, 민간인 피해가 큰 이스라엘 작전에 대해서는 지속적으로 무기와 외교적 지원을 하는 것, 이게 바로 선택적 정의이자 이중잣대의 결정판이지."

미국은 UN 회의장에서 전 세계가 전쟁을 멈추라고 외칠 때도 '휴전' 결의에 반대표를 던지며 이스라엘을 감쌌습니다.

"내 친구 건드리지 마. 내 친구가 하는 건 다 '자위권 행사'야."

마스터 T가 쐐기를 박습니다.

"미국의 가치동맹이라는 멋진 포장지를 뜯어보면, 그 안에는 '나한테 이득이 되면 정의, 아니면 불의'라고 규정하는 냉혹한 비즈니스 논리만 남아 있는 거지. K, 너도 가치만 믿고 있다간 큰코다친다. 국제관계에선 가치도 중요하지만, 그만큼 가격과 이해득실 계산이 더 자주 테이블 위에 올라온다는 걸 잊지 마."

다시 걸린 '아메리카 퍼스트' 간판

그러던 2024년 대선에서 주식회사 미국의 CEO가 다시 바뀝니다. 트럼프가 백악관에 복귀하면서 간판에는 익숙한 문구가 다시 걸렸습니다.

"America First."

취임 직후 그는 전임 정부의 정책들을 빠르게 되돌리기 시작했습니다. 회사로 치면 새 경영진이 들어오자마자 전임자가 붙여놓은 포스트잇을 떼고, 새로운 지침을 사무실 벽에 붙이는 장면에 가깝습니다.

경제 전선에서는 관세가 다시 핵심 무기가 되었습니다. 2025년 봄부터 상호관세(보복에 맞대응하는 관세) 성격의 조치들이 이어지며, 세계 시장은 '관세 전쟁 시즌 2'에 들어갔습니다.

연말에는 자동차 등 특정 산업을 겨냥한 관세가 현실화되면서, 동맹국들까지도 '미국 시장에 들어가려면 미국이 짠 규칙을 따라야 한다'라는 압박을 뚜렷이 느끼게 되었습니다.

외교와 안보도 철저히 '비즈니스 마인드'로 접근하고 있습니다. 동맹이

든 경쟁자든, 궁극적으로는 이익과 손해라는 관점에서 평가받는 '고객'에 가깝다는 인식이 더 강해졌습니다.

어쨌든 대통령이 바뀌어도, 정당이 바뀌어도 한 가지 사실은 변하지 않습니다.

"미국은 자국의 이익을 최우선으로 계산한다."

하지만 미국의 계산기 두드리는 소리가 커질수록, 남쪽 먼바다에서 들려오는 신음소리도 깊어지고 있었습니다. 자신들의 앞마당이라고 여겼던 라틴아메리카가 흔들리고 있었기 때문입니다.

미국 깃발을 내리고, 석유 밸브를 잠그다

이야기는 조금 더 거슬러올라갑니다. 베네수엘라는 세계 1위 수준의 석유 매장량을 가진, 그야말로 땅 밑이 전부 돈인 나라였습니다.

오랫동안 이 '검은 황금'을 캐내던 주인 중 상당수는 엑손모빌, 셰브런 같은 미국 석유기업들이었습니다. 미국 기업들은 막대한 이익을 가져갔고, 미국 정부에게 베네수엘라는 사실상 '믿을 만한 주유소' 같은 존재였습니다.

하지만 1999년 차베스 대통령이 등장하며 판이 뒤집혔습니다. 그는 석유 국유화를 선언했습니다. 미국 기업들의 자산을 몰수하고 쫓아냈죠.

"석유는 베네수엘라 인민의 것이다!"

미국은 뒷목을 잡았습니다.

"뭐야, 내 회사들을 내쫓는다고? 감히 내 지갑을 건드려?"

더 큰 변화는 그다음이었습니다. 차베스와 그 뒤를 이은 마두로 정권은 석유를 미국에 맞서는 정치·외교 무기로 활용하기 시작했습니다.

그들은 넘쳐나는 오일머니를 주변 라틴아메리카 친구들에게 퍼주며 반미 연대를 강화했습니다.

"쿠바야, 미국 때문에 힘들지? 우리 석유 싸게 줄게. 볼리비아, 니카라과 너희도 이리 와. 우리끼리 뭉치면 미국 눈치 덜 보고 살 수 있어."

베네수엘라는 '석유 외교'를 통해 강력한 반미 블록을 형성하려 했습니다. 미국의 앞마당이었던 중남미 국가들 일부가 미국에게 등을 돌리고 새로운 연대를 모색하기 시작한 것입니다.

미국은 위기감을 느꼈습니다.

"저것들이 내 기름 판 돈으로 내 욕을 하고 다니네? 게다가 내 앞마당 친구들까지 꼬드겨서 패거리(반미 블록)를 만들어? 더 이상은 못 봐주겠군."

미국은 다시 200년 묵은 몽둥이, 먼로주의를 꺼내 들었습니다. 겉으로는 '독재 타도'와 '민주주의 회복'을 명분으로 내세웠지만, 그 속에는 에너지와 안보 이해관계가 복잡하게 얽혀 있었습니다.

미국은 마두로 정권을 겨냥해 석유 수출을 제한하는 강력한 경제 제재를 가했습니다. 국가 재정을 옥죄어 정권 교체를 압박하려 한 것입니다. 2020년 전후로는 마두로를 마약 관련 범죄 혐의로 기소하고, 체포에 현상금을 내걸기도 했습니다.

그리고 2026년 1월 3일 새벽. 미국은 경고 문구 대신 실제 군사력을 꺼내 들었습니다. 베네수엘라 수도 카라카스를 포함한 북부 지역에 대한 공습을 단행하고, 마두로 대통령과 부인을 체포했습니다.

"똑똑? 아니, 이번엔 문 두드릴 시간 없어. 그냥 들어간다!"

대통령 관저의 문이 부서지고, 미군들이 들이닥쳤습니다. 잠옷 차림의 마두로 대통령 부부에게 수갑을 채우며 미국이 건조하게 말했습니다.

"짐 싸세요. 미국으로 갑니다. 재판을 받으셔야죠."

"이게 무슨 짓이야. 여긴 엄연한 주권국가다. 남의 나라 현직 대통령을 잡아 가? 국제법 위반이라고!"

미국은 코웃음을 쳤습니다.

"국제법? 웃기지 마. 내가 너를 범죄자라고 찍었으면, 너는 범죄자인 거야. 억울하면 법정에서 따져."

마두로 부부는 수송기에 태워져 미국으로 압송되었습니다. 이 장면을 생중계로 지켜보던 전 세계는 충격에 빠졌습니다.

"와, 정말 다른 나라 현직 대통령을 직접 체포해 가네. 국경이고 뭐고, 미국이 '위험하다'고 판단하면 그냥 들어가는구나."

미국은 전 세계를 향해 선언하듯 말했습니다.

"잘 봤지? 내 법에는 국경 따위 없어. 하늘 위에서도, 남의 나라 땅속에서도, 내가 '찍으면' 다 내 관할이야. 숨을 생각 하지 마."

이것이야말로 21세기판 먼로주의였습니다.

"내 앞마당에서는 내 말이 곧 헌법이다. 토 달지 말고, 줄 잘 서라."

▶ 세계 1위의 석유 매장량을 자랑하는 베네수엘라의 유전 모습입니다. 미국은 자국 석유기업들의 이권을 되찾고 반미 연대를 꺾기 위해 먼로주의의 몽둥이를 다시 꺼내 들었습니다. 2026년 마두로 대통령 체포 사건은 "내 앞마당에서는 내 법이 곧 헌법"이라는 미국의 절대적인 힘과 냉혹한 비즈니스 논리를 상징적으로 보여줍니다.

미국의 절대권력을 보여주는 가장 오만하고도 결정적인 장면이었습니다.

마스터 T가 팩트를 짚어줍니다.

"마두로의 죄목이 마약이라고? 물론 그것도 있을지 모르지. 그러나 겉으론 마약과 부패 척결을 내세우지만, 첫째는 석유와 자원 이권 회복이야. 미국 입장에서 베네수엘라 제재·압박의 궁극적 목표 중 하나는, 떠났던 미국 석유기업들이 다시 들어가 세계 1위급 유전에 대한 영향력을 되찾는 거지. 저 엄청난 매장량이 중국이나 러시아의 손에 넘어가는 상황은 용납하기 어려운 거야.

둘째는 '본보기 효과'지. 라틴아메리카의 다른 나라들, 콜롬비아·쿠바·브라질·멕시코에게 말 안 듣고 중국·러시아 쪽으로 기울면 어떻게 되는지 보여주는 거야. 겉모습은 바뀌었지만, 1823년 먼로가 말한 메시지는 여전히 살아 있는 거지."

미국은 이렇게 전 세계를 상대로, 때로는 젠틀한 CEO처럼, 때로는 거친 보안관처럼 가면을 바꿔 쓰며 자신의 이익을 지켜 나가고 있습니다.

여러분, 준비되셨나요? 그림 속에 미국의 파란만장한 역사가 숨어 있습니다! 마치 보물찾기를 하듯, 그림 구석구석에 숨겨진 역사적 순간들을 찾아 떠나볼까요?

눈을 크게 뜨고,
역사의 현장 속으로 다이빙!

10. 오늘날의 미국, 어디로 가나?

극심한 빈부격차와 정치적 분열, 그리고 자국 우선주의를 내세우며
동맹국들과 새로운 관계를 맺고 있는 복잡한 미국의
현재 모습입니다.

쇠락한 공장지대인
'러스트 벨트'의 우울한
노동자들과 대조적으로,
고층 빌딩 옥상에서 샴페인을
터뜨리며 파티를 즐기는
부유층은 어디에 있나요?
"미국 우선주의"를
외치며 붉은 모자를 쓰고
지지자들 앞에서 연설하고
있는 트럼프 대통령은
어디에 있을까요?
'CHIP 4(칩4)'라는
반도체 기술동맹을 맺으려
악수하고 있는 미국, 한국,
일본, 대만 대표들을
찾아보세요!
TARIFF
CNIP
4

❶ 경제적 불평등 심화: 공장이 문을 닫고 일자리가 사라진 러스트 벨트의 노동자들은 일자리를 잃었지만, 월스트리트는 호황을 누렸습니다.
❷ 정치적 양극화와 포퓰리즘: 트럼프의 '미국을 다시 위대하게(MAGA)'라는 구호는 대중의 지지를 끌어냈지만, 타협의 공간이 좁아지며 사회는 더 깊게 갈라졌습니다.
RUST BELT

TARIFF
GREENLAND
CNIP
4
❸ 미국 이익을 위한 국제질서: 우크라이나 무기 지원, 이스라엘 전쟁 지원과 보호, 베네수엘라 대통령 체포 납치, 그린란드 요구 등 예측 불가능한 마이웨이 외교를 합니다.
❹ 동맹국 방위비 분담 압박: '자국 우선주의'를 강화하며 미국은 동맹국들에게 더 많은 비용 분담을 요구합니다.
❺ 칩4 동맹: 반도체를 21세기의 전략자원으로 본 미국은 중국을 견제하기 위해 한국·일본·대만과 함께 공급망을 묶는 협의체를 추진합니다.

극과 극의 삶: 녹슨 공장 앞에 우울한 노동자들이 서 있는데, 빌딩 옥상에서는 부자들이 샴페인 파티를 하고 있습니다. 빈부격차가 극심해진 미국의 현실입니다.

관세 장벽: 빨간 모자를 쓰고 지지자들 앞에서 트럼프가 "미국 우선!"을 외치고 있습니다. 바다에는 'TARIFF(관세)'라고 적힌 큰 문을 세워, 외국 물건이 쉽게 못 들어오게 막고 있네요.

새로운 국제질서: 미국의 베네수엘라 대통령 관저 공격과 그린란드에서 총을 든 군인들과 곳곳의 전쟁 장면은, 세계가 다시 위험한 전쟁의 시대로 가고 있음을 경고하고 있습니다.

"미국은 어디로 가고 있을까?"

긴 시간 여행을 마치고, 다시 돌아온 아메리카 다이너. 창밖에는 어느새 짙은 어둠이 깔려 있고, 가게 안의 네온사인도 지직거리며 피로한 빛을 내뿜고 있다.

테이블 위에는 미국이 마지막으로 주문한 거대한 '콥 샐러드'가 놓여 있다. 그 안에는 양상추, 붉은 토마토, 검은 올리브, 노란 치즈, 하얀 닭 가슴살 등 서로 다른 색깔과 맛을 가진 재료들이 소스와 뒤섞여 있다.

미국은 포크로 샐러드를 뒤적이며 씁쓸한 미소를 지었다.

"미스터 코리아, 이게 바로 지금의 나야. 예전엔 전 세계에서 온 이민자들을 다 녹여서 하나의 미국인으로 만드는 용광로인 줄 알았지. 펄펄 끓여서 불순물은 없애고 순수한 강철을 만드는 것처럼 말이야."

그는 올리브 하나를 콕 집어 입에 넣었다.

"그런데 살아보니 그게 아니더군. 요즘은 재료가 섞여 있긴 한데, 완전히 하나가 되지는 않는 '샐러드 볼(Salad Bowl)' 같아."

전 세계 190여 개국에서 온 사람들이 모여 사는 나라. 시리아 난민의 아들 스티브 잡스가 아이폰을 만들고, 남아공 출신 이민자 일론 머스크가 화성으로 가는 우주선을 쏘아올리는 나라. 서로 다른 문화와 생각이 충돌하며 세상을 바꾸는 혁신이 터져나오는 것이 늙은 거인 미국이 여전히 세계 1등을 유지하는 비결이었다.

하지만 미국은 짓무른 토마토 하나를 골라내며 한숨을 쉬었다.

"문제는… 이 샐러드 볼 안의 재료들이 항상 사이좋은 건 아니라는 거야. 때로는 토마토가 양상추를 밀어내고, 치즈가 올리브를 냄새 난다고 무시하며 싸우지."

미국 사회의 아픈 곳을 찌르는 말이었다. "흑인의 생명도 소중하다"라는 절규, 팬데믹 이후 급증한 아시아인에 대한 혐오 범죄, 그리고 멕시코 국경 장벽 앞에서 울고 있는 이민자들의 모습. 심지어 선거 결과에 불복한 사람들이 민주주의의 상징인 국회의사당에 난입하는 모습까지.

"덩치가 아무리 커도 속병이 들면 쓰러지는 법이야. 로마제국도 칼이 없어서 망한 게 아니라, 내부가 쪼개져서 무너졌지. 다양성을 인정하면서도 하나로 뭉치는 것, 그게 내가 죽기 전까지 풀어야 할 가장 큰 숙제야."

진정한 힘은 어디서 나오는가

가게 문을 나서는 미국의 등 뒤로 거대한 그림자가 졌다. 1776년의 가늘고 초라하던 지도에서 시작해, 이제는 한국보다 100배 가까이 큰 땅을 차지한 거인의 그림자였다.

잠시 멈춰 서서 지평선을 응시하던 미국이 돌아보며 말했다.

"난 지난 250여 년 동안 미친 듯이 땅을 넓혔어. 원주민을 몰아내고, 멕시코 땅을 빼앗고, 바다 건너 섬들을 삼켰지. 그런데 말이야… 이제 더 이상 넓힐 땅이 없어. 화성이라도 가지 않는 한."

그는 쓰고 있던 보잉 선글라스를 벗었다. 선글라스 뒤에 감춰져 있던

맨눈은 피로해 보였지만, 동시에 깊은 통찰이 담겨 있었다.

"미스터 코리아, 잘 듣게. 땅이 크다고, 핵미사일이 많다고 영원히 강한 나라는 아니야. 그건 그냥 '덩치'일 뿐이지."

미국은 한국의 어깨를 툭 쳤다.

"나와 다른 남을 인정하고 받아들이는 포용력, 전 세계의 인재들이 제 발로 찾아오게 만드는 매력, 그리고 위기 때 내 편을 들어줄 친구를 만드는 힘. 그게 진짜 '슈퍼파워' 아닐까? 내가 그걸 깨닫지 못하고 힘자랑만 한다면, 나는 그저 덩치 큰 깡패로 역사에 기록되겠지. 그런데… 요즘 그린란드는 어떤가…."

말과 달리 여전히 새로운 땅을 노리는 미국은 어둠 속으로 걸어갔다. 그가 가는 길은 아스팔트가 깔린 탄탄대로가 아니었다.

테이블 위에는 미국이 떠나며 남기고 간 계산서가 덩그러니 놓여 있었다. 그 아래에는 차가운 잉크로 한 문장이 적혀 있었다.

"There is no free lunch(세상에 공짜 점심은 없다)."

마스터 T가 펼쳐두었던 낡은 지도와 장부들을 덮으며 말했다.

"자, 이것으로 주식회사 아메리카의 치열했던 역사는 끝이다. 어때? 우리 옆에 사는 이 거대한 이웃을 어떻게 대해야 할지, 감이 좀 잡히나?"

한국은 여권과 스마트폰을 챙겨 일어나며, 테이블 위의 계산서를 집어 들었다. 그의 표정은 처음에 가게에 들어올 때보다 훨씬 단단하고 성숙

해져 있었다.

"네, 확실히요. 그동안 우리는 미국을 맹목적으로 동경하며 짝사랑하거나, 반대로 감정적으로 미워하며 반대하기만 했어요. 하지만 둘 다 정답이 아니었네요."

한국은 계산서를 버리지 않고, 잘 접어 자신의 재킷 주머니에 깊숙이 넣었다. 잊지 않겠다는 듯이.

"중요한 건 냉철하게 그들을 이해하는 거예요. 미국은 우리를 지켜주는 천사도 아니고, 침략하는 악마도 아니에요. 그저 철저하게 자신의 이익을 위해 움직이는 비즈니스 파트너일 뿐이죠."

마스터 T가 흡족한 듯 몽블랑 만년필을 주머니에 꽂으며 물었다.

"정확해. 그럼 그 냉혹한 비즈니스 파트너와 거래하려면 우리에게 필요한 건 뭘까? 감정? 의리?"

한국이 몸을 일으키며 말했다.

"감정에 호소하는 건 통하지 않아요. 비즈니스 세계에선 오직 상품 가치만 대우받으니까요. 제가 힘든 연습생 시절을 거쳐 여기까지 온 것도 바로 그것이죠. 대체 불가능한 실력과 매력!"

"지이잉."

한국이 다이너 문을 나서려는데, 주머니 속 스마트폰이 묵직한 진동과 함께 울렸다. 평범한 알림음이 아니었다. 마치 땅바닥을 울리는 듯한 낮은

북소리 같았다. 화면에는 붉은색 글씨로 새로운 메시지가 떠 있었다.

[발신자: 붉은 용 (Red Dragon)]

"니하오(안녕), 코리아? 미국 햄버거는 맛있었나? 톡 쏘는 콜라는 달콤하지만 깊은 맛이 없지. 이제 진짜 스케일이 다른 이야기를 들으러 올 차례야. 고작 250년 된 구멍가게 역사가 아니라, 5천 년 동안 문을 닫지 않은 진짜 '본점'의 내공을 보여주마."

한국의 표정이 묘하게 굳어졌다. 서쪽 바다 건너, 가장 거대하고 압도적인 이웃. 한때 아편 연기에 취해 잠들었다가 종이호랑이 취급을 당했지만, 이제는 세계의 공장이자 미국을 위협하는 유일한 G2 슈퍼파워로 부활한 나라.

중국이었다.

"휴, 산 넘어 산이네. 미국 형님은 말이라도 통했지, 저쪽은 덩치로 밀어붙이는 스타일이라 더 피곤한데."

가게 밖의 공기가 차갑게 변했다. 동쪽에서는 자유의여신상이, 서쪽에서는 만리장성의 그림자가 한국을 향해 동시에 손짓하고 있었다.

한국은 옷깃을 여미며 마스터 T에게 결연하게 말했다.

"가시죠. 아편전쟁의 치욕을 딛고 어떻게 G2가 됐는지, 그 14억의 비밀장부를 들춰보러. 베이징행 티켓 끊으세요!"

참고도서

- 데이비드 하비,『신자유주의』, 최병두 옮김, 한울 2007.
- 디 브라운,『나를 운디드니에 묻어다오』, 최준석 옮김, 책과함께 2012.
- 마이클 샌델,『공정하다는 착각』, 함규진 옮김, 와이즈베리 2020.
- 알렉시 드 토크빌,『미국의 민주주의』, 임효선 옮김, 한길사 2004.
- 에릭 포너,『미국 자유의 역사』, 김준형 옮김, 비아 2019.
- 재러드 다이아몬드,『총 균 쇠』, 김진준 옮김, 문학사상 2013.
- 조지프 스티글리츠『불평등의 대가』, 이순희 옮김, 열린책들 2013.
- 존 루이스 개디스,『냉전』, 이재만 옮김, 에코리브르 2008.
- 토마 피케티,『21세기 자본』, 장경덕 옮김, 글항아리 2014.
- 폴 크루그먼,『불황의 경제학과 그 위기』, 김태훈 옮김, 세종서적 2009.
- 하워드 진,『미국 민중사 1·2』, 유강은 옮김, 이후 2006.
- 헨리 키신저,『세계질서』, 이현주 옮김, 민음사 2015.